AF649280

Das große
Geschichtenbuch
zum Lachen und Staunen

Ursula Wölfel

Das große Geschichtenbuch zum Lachen und Staunen

Mit Bildern
von Bettina Wölfel

Thienemann

Sechsundzwanzig winzige Geschichten

Stampf nur fest auf den Schnee
mit den roten Stiefeln,
dass die kleine Quelle wieder auftaut,
dass die dürre Zwiebel Wasser saugt,
dass der Mäuserich zur Maus kommt und die Bäume Blätter treiben –
dass die Vögel wieder Nester bauen,
dass die Maus bald kleine Mäuse hat,
und die rote Tulpe blüht!

Komm, wir kehren die Straße
mit dem großen Besen.
Dann finden wir sieben Sachen:
Einen alten Fahrschein,
einen krummen Nagel,
eine Vogelfeder,
ein buntes Schneckenhaus,
ein Bonbonpapier,
eine Spiegelscherbe,
und vielleicht,
und vielleicht
einen goldnen Knopf für deine Jacke!

Das Huhn hat ein Ei gelegt,
ein weißes Ei,
ein schönes Ei.
»Gaaa!«, ruft das Huhn.
»Ga-ga-ga-gaaa!«
Aber nun sieht es ein anderes Huhn,
das hat ein Salatblatt.
Das Huhn vergisst sein Ei,
es will das Salatblatt haben.
Da holt die Frau das Ei
und backt daraus
einen dicken Eierkuchen
für dich und für mich.

Im Hollerbusch hinter der Mauer
sitzt die Amsel mit der weißen Feder
und flötet und flötet
ihr langes Amsellied.
Dann fliegt sie weg
und immer weiter weg.
Wer schneidet mir eine Flöte
vom grünen Hollerzweig?
Dann blase ich das Amsellied,
und die Amsel mit der weißen Feder,
meine Amsel hört die schönen Töne,
und sie kommt zurück zum Hollerbusch,
und sie kommt zurück zu mir.

»Sucht mich, sucht mich!«,
hab ich gerufen,
und ich hab mich versteckt
hinter der Tonne im Hof.

Alle laufen vorbei.
»Hallo, hallo, wo bist du?«
Als wäre ich nicht mehr da,
als wäre ich gar nicht mehr da.
Ich habe Angst.

Da kommen sie endlich
und finden mich
und ich bin wieder da
bei allen anderen.

Mein Ball ist in die Wiese gerollt.
Da liegt er unter den großen Blättern
am Zaun, wo die Kröte wohnt.

Bleib sitzen, Kröte, hüpf nicht fort!
Ich will nur meinen Ball holen
und dich ansehen.
Ich komme ganz leise.
Du bist eine liebe Kröte.

Warum schlaft ihr so lang?
Ich möchte jetzt im Hof sein
und mit der Katze Dreirad fahren.

An der Mauer wachsen wilde Erdbeeren.
Vielleicht sind sie reif,
und die anderen Kinder essen sie auf?

Oder ein Flugzeug fliegt übers Haus,
ein weißes Segelflugzeug,
und an den Flügeln hat es Hände,
die werfen für die Kinder
kleine Flugzeuge hinunter,
hundert kleine weiße Flugzeuge.
Ich kann nicht mehr schlafen,
wacht auf, bitte, wacht auf!

Katze, Katz, was lauerst du
am Lavendelbusch?

Schmetterling, Schmetterling,
flieg doch fort!

Katze, Katz, wie hoch du springst!
Aber fliegen, Katze, fliegen,
aber fliegen kannst du nicht!

Es brennt auf dem Schuttplatz,
komm mit, komm mit!
Das ist ein Feuer!
Es frisst das alte Papier,
den zerrissenen Schuh,
und Koffer und Kisten.

Die Flammen springen
und ducken sich nieder.
Das Feuer ist schön,
das rote und gelbe,
das grüne und blaue,
das wilde, das heiße,
das schreckliche Feuer!

Aber die Ente, die Ente aus Holz,
die darf doch nicht brennen.
Komm, Ente, komm,
jetzt laufen wir weg!

Heute bin ich traurig aufgewacht.
Ich weiß nicht, warum.
Alle fragen: »Was tut dir weh?
Warum bist du traurig?«
Nichts tut mir weh.
Ich bin nur traurig.

Alle sagen: »Die Sonne scheint!
Warum bist du traurig?«
Aber ich kann es nicht sagen.
Ich bin nur traurig.

Auch mein Bär ist heute traurig,
und ich weiß nicht, warum.
Alle sollen uns in Ruhe lassen.

Mohn heißt diese rote Blume,
Glockenblume heißt die blaue Blume,
Löwenzahn heißt diese gelbe Blume,
Schöne Winde heißt die weiße Blume,
und die großen gelb und weißen Sterne
heißen Margeriten.

Du mit dem Stock,
schlag sie nicht!
Schlag nicht die schönen Blumen!

Bald habe ich Geburtstag.
Ich wünsche mir ein Boot,
ein richtiges Paddelboot
zum Aufblasen,
und einen Hund wünsche ich mir,
dem will ich einen Namen geben.

Wir machen eine Geburtstagsreise
zu Großmutter und Großvater,
und wenn ich ein Boot habe,
fahre ich über den Teich,
und wenn ich einen Hund habe,
nehme ich ihn mit.
Er muss in meinem Boot
ganz still sitzen.

Und wenn ich kein Boot bekomme
und keinen Hund?
Weißt du vielleicht schon,
was ich zum Geburtstag bekomme?

Jeden Abend, wenn du schläfst,
geht das Pferd zum Teich.
Auf dem Wasser spiegelt sich der Mond,
und mit seinem weichen Maul
trinkt das Pferd
das Bild vom schönen Mond.

Ich habe ein Haus mit einem Dach
und einer richtigen Tür.
Kommst du bitte?
Besuchst du mich?
Ich bin immer allein
in meinem Haus.

Ich mache dir die Tür auf,
wir essen Honigbrote
und sehen aus dem Fenster:

Da käme gerade ein Mann vorbei
mit einem Wildschwein an der Leine!
Wir würden das Schwein
mit Honigbrot füttern,
und alle Leute würden sich wundern,
weil wir so mutig sind!
Kommst du bitte?
Besuchst du mich?

Lauf dreimal durch den Garten,
einmal den langen Weg,
einmal den kurzen Weg,
einmal rundum,
und sag den Gemüsen,
sie möchten doch bitte
ein bisschen schneller wachsen,
damit wir morgen
eine Suppe kochen können,
eine rote, grüne, gelbe,
eine bunte Sommersuppe
aus Zwiebeln und Möhren,
aus Erbsen und Bohnen,
aus Lauch und Tomaten,
aus Kohl und Kartoffeln,
mit viel Petersilie und Bohnenkraut.

Du musst aber alle
recht freundlich bitten,
damit sie bis morgen
noch fleißig wachsen.
Das wird eine gute Suppe!

Mein Bruder hat eine neue Jacke,
und ich bekomme keine.
Sie sagen alle:
»Wie hübsch er aussieht,
in der neuen Jacke!«

Ich will keinen Bruder haben.
Ich schmeiße seine neue Jacke
in den Dreck!
Zertrampeln will ich sie!

Aber das sage ich nur.
Das tue ich nicht.
Mein Bruder ist noch so klein.

Blitze machen den Himmel weiß,
Donner rumpelt und knallt,
Sturmwind biegt den Baum!

Der große Hund hat Angst,
er jault, er zittert.
Da nehme ich den großen Hund
ganz fest in meine Arme.

Der Hund, der große Hund,
nun hat er keine Angst mehr.

Der Staubsauger,
der Brummer, der Brüller,
mein kleines Auto will er fressen.
Ich schreie: »Halt, hör auf!«
Und er brüllt einfach weiter.
Das kleine Auto liegt vor seinem Maul,
und meine Mutter sieht es nicht,
und meine Mutter hört mich nicht!

Da gehe ich ganz nah heran,
ich strecke meine Hand aus,
ich drücke meinen Zeigefinger
auf den roten Knopf.
Da ist er still,
der Brummer, der Brüller.

Ich nehme ihm das kleine Auto ab.
Jetzt hab ich keine Angst mehr
vor dem Brummer.
Jetzt muss er tun, was ich will!

Der Wind, Wind, Wind
hat einen Luftballon gestohlen.
Er hat ihn über die Mauer geblasen
und über den Baum,
er hat ihn übers Land getragen
bis zu den hohen Bergen
und bis zum Meer mit den Schiffen.

Ein Vogel wollte den Luftballon fangen,
den schönen Luftballon,
da hat der Sturm ihn weggerissen,
da haben die Wolken ihn mitgenommen,
und keiner weiß, wohin.

Gib acht!
Vielleicht fliegt er morgen
an unserem Haus vorbei?

Wenn sie abends fortgehen,
die Mutter und der Vater,
dann mach ich mich ganz klein,
so klein wie eine Haselnuss.

Ich krieche in Vaters Tasche,
ich verstecke mich in Mutters Bluse,
und immer bin ich bei ihnen,
und sie wissen nichts davon.

An der Straße stehen Apfelbäume,
in den Bäumen hängen rote Äpfel,
und in jedem Apfel
ist ein kleines Haus,
und in jedem Apfelhäuschen
sind fünf Zimmer,
und in jedem Apfelzimmer
liegt ein blanker brauner Kern,
und in jedem Apfelkern
schläft ein winzig kleiner
neuer Apfelbaum.

Glaubst du das nicht?
Dann halt einen Apfel ans Ohr,
sei still, ganz still:
Hörst du,
wie die neuen Bäume rauschen?

Vom Haselbusch fallen die Nüsse
für das Eichhorn, für die Maus,
und für den Häher
mit den schönen blauen Federn.

Von den Bäumen fallen bunte Blätter,
sie knistern und rascheln und rauschen,
wenn der Fuchs durch den Wald läuft.
Die Maus will er fangen,
das Eichhörnchen jagen!

Aber die Blätter rascheln und rauschen,
die Tiere hören den Fuchs,
und schon sind sie weg!

Siehst du das Eichhörnchen, Fuchs?
Siehst du die Maus und den Häher?

Ich habe Schnupfen.
Meine Nase läuft,
mein Kopf tut weh,
und meine Augen brennen.
Ich mag nicht essen,
ich mag nicht spielen,
gar nichts mag ich.
Und auf der Straße
sagen die Kinder »Rotznase« zu mir.

Jetzt bleibe ich zu Hause.
Mein Vater liest mir Geschichten vor,
meine Mutter gibt mir Himbeersaft,
und heute Abend darf ich
mit der scharfen Schere
Bilder aus der Zeitung schneiden.

Wartet ihr da draußen,
wenn ihr Schnupfen habt,
dann sage ich zu euch »Rotznase«!

Wenn der Weidenbaum
keine Blätter mehr hat,
fliegt das Rotkehlchen fort.

Wenn die Nebel kommen,
und graues Wasser
steht in den Straßenbahnschienen:
dann sitzen am Abend die Krähen
im kahlen Weidenbaum.
Sie rufen: »Ha-haa! Kra-haa!
Ha-haa! Kra-haa!«
und lachen über den Nebel
und lachen über den Winter.

Und wenn der Weidenbaum endlich
neue Blätter bekommt,
fliegen die Krähen
hinaus zu den Feldern.

Dann kommt das Rotkehlchen wieder.

Ich habe eine Mütze,
eine blaue Zaubermütze,
die hat meine Mutter gestrickt.

Ich ziehe die Mütze über die Ohren,
dann kann ich viel besser
den Ball fangen und schaukeln
oder alleine einkaufen gehen
oder meine Strümpfe suchen,
unter dem Bett, im Dunkeln.

Ich schiebe die Mütze aufs rechte Ohr:
dann muss ich lachen und lachen.
Ich schiebe die Mütze aufs linke Ohr:
dann tanze ich und tanze!
Ich schiebe die Mütze nach hinten,
dann weiß ich, wie du heißt.
Soll ich es sagen? Du heißt

So viele Autos
fahren an unserem Haus vorbei.
Vielleicht fährt eins zur Oma?
Vielleicht fährt eins zum Schwimmbad?
Vielleicht fährt eins zum Zoo?
Vielleicht fährt eins zum Einkaufen?
Vielleicht fährt eins weit weg bis ans Meer,
bis zu den hohen Bergen?
Alle fahren vorbei.

Nächstes Jahr fahren wir mit,
weit weg, weit weg!
Nächstes Jahr ist bald.

Siebenundzwanzig Suppengeschichten

Inhalt

Einmal wollte ein Kind seine Suppe nicht essen. Die Mutter hat gesagt: »Ich will dich füttern.«

Das Kind hat gesagt: »Die Suppe ist viel zu heiß!«

Die Mutter hat in der Suppe gerührt. Jetzt war die Suppe gar nicht mehr heiß. Aber das Kind hat den Kopf zur Seite gedreht und es hat gesagt: »Ich habe keinen Hunger. Ich will nicht essen, ich will spielen.«

Da hat die Mutter dem Kind eine Suppengeschichte erzählt.

Die Geschichte vom Kinderbaum

Einmal hatte ein Mädchen einen gelben Luftballon, den hat der Wind ihm aus der Hand gerissen.

»Halt! Halt!«, hat das Mädchen gerufen und der Baum hat den Luftballon festgehalten. Das Mädchen ist auf die Bank geklettert und von der Bank ist es auf den Baum geklettert und es hat den Luftballon mit beiden Händen festgehalten.

»Komm herunter!«, haben die anderen Kinder gerufen. Aber das Mädchen hat gesagt: »Ich kann nicht klettern, ich muss doch den Luftballon festhalten!«

Da ist ein Junge auf den Baum geklettert. »Kommt herunter!«, haben die Kinder gerufen. Aber der Junge hat gesagt: »Ich kann nicht klettern, ich muss doch das Mädchen festhalten und das Mädchen muss den Luftballon festhalten.«

Da ist ein großes Mädchen auf den Baum geklettert. »Kommt herunter!«, haben die Kinder wieder gerufen. Aber das große Mädchen hat gesagt: »Ich kann nicht klettern, ich muss doch den Jungen festhalten und der Junge muss das Mädchen festhalten und das Mädchen muss den Luftballon festhalten!«

Dann ist ein großer Junge auf den Baum geklettert. Der hat zuerst den Luftballon geholt und alle Kinder sind wieder vom Baum auf die Straße geklettert.

Die Geschichte von der Nachtente

Einmal wollte eine Ente wissen, wie die Nacht ist. Sie ist am Abend nicht mit den anderen Enten in den Stall gegangen, sie hat sich auf die Wiese gesetzt und hat zugesehen, wie es immer dunkler geworden ist. Die Sonne ist untergegangen und die Sterne sind gekommen. Das war sehr schön und die Ente hat gestaunt über die Sterne. Aber dann ist es noch dunkler und immer noch dunkler geworden und der Himmel war so riesengroß und die Ente auf der Wiese war so klein.

Auf einmal war auch der Mond da. Ganz langsam ist er hinter den Bergen heraufgekommen. Da ist die kleine Ente erschrocken. Sie wollte weglaufen vor dem Mond, aber der Mond war überall. Sie hat die Augen zugemacht, aber der Mond war immer noch da.

Die Ente ist schnell zum Stall gelaufen und sie hat laut geschrien: »Maak! Maak! Maak!« Da ist die Frau gekommen, sie hat gelacht und sie hat die Ente in den Stall geholt zu allen anderen Enten. Und die Nachtente hat ihnen erzählt, wie schön die Sterne sind und wie groß der Mond ist.

Die Geschichte vom kleinen Fuchs auf dem Turm

Einmal wollte ein kleiner Fuchs einen Vogel fangen. Aber der Vogel ist weggeflogen, er hat sich hoch oben auf einen Turm gesetzt. Da ist der kleine Fuchs die Turmtreppe hinaufgeschlichen.

Aber der Vogel ist schnell auf einen Baum geflogen und der kleine Fuchs war allein auf dem Turm. Er wollte wieder nach unten laufen, aber er hat die Treppe nicht mehr gefunden, nur ein schwarzes Loch hat er gesehen.

Der kleine Fuchs hat Angst bekommen, er hat laut geheult vor Angst.

Der Vogel hat gerufen: »Flieg doch! Flieg doch!« Aber der kleine Fuchs konnte doch nicht fliegen wie der Vogel.

Das Eichhörnchen hat gerufen: »Spring doch! Spring doch!« Aber der kleine Fuchs konnte doch nicht springen wie das Eichhörnchen.

Er hat nur immer noch lauter geheult und davon ist die Eule wach geworden. Sie hat mit den Augen geblinzelt und sie hat mit dem Schnabel geklappert. Da ist der kleine Fuchs vor Schreck ins Treppenloch gefallen und er ist die ganze Turmtreppe hinuntergekugelt. Da war er wieder unten, da war er froh!

Er hat den Staub aus seinem Pelz geschüttelt und dann ist er weit weggelaufen. Er wollte diesen Vogel nicht mehr fangen.

Die Geschichte von den beiden Heuhüpfern

Einmal haben zwei Heuhüpfer sich gezankt. Der eine hat gesagt: »Ich bin der beste Heuhüpfer! Ich kann viel höher hüpfen als du!« Und er ist auf einen hohen Baum gehüpft.

Der andere Heuhüpfer hat gesagt: »Nein! Ich bin der beste Heuhüpfer! Ich kann viel weiter hüpfen als du!« Und er ist mit einem riesigen Sprung über die ganze große Wiese gehüpft.

Der Heuhüpfer auf dem Baum hat geschrien: »Sieh mich! Sieh mich! Wie hoch ich hüpfen kann!« Und der Heuhüpfer in der Wiese hat geschrien: »Sieh mich! Sieh mich! Wie weit ich hüpfen kann!« Aber keiner hat den anderen gesehen und keiner hat den anderen gehört. Der eine hat viel zu hoch oben im Baum gesessen und der andere hat viel zu weit weg im Gras gesessen.

Den ganzen Tag haben sie geschrien und geschrien und das war sehr langweilig. Am Abend ist der eine endlich wieder vom Baum gehüpft und der andere ist endlich wieder über die Wiese zurückgehüpft. Der eine hat gesagt: »Du bist der beste Weithüpfer!« Und der andere hat gesagt: »Du bist der beste Hochhüpfer!« Und sie haben sich wieder vertragen.

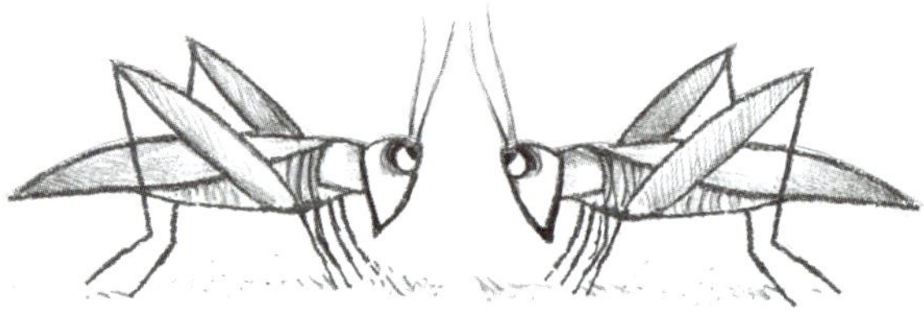

Die Geschichte von der Wippe

Einmal ist der Vater mit dem kleinen Mädchen und dem Teddy auf den Spielplatz gegangen. Da war eine Wippe und das kleine Mädchen wollte so gern einmal mit dem Vater wippen. Es hat sich auf die eine Seite der Wippe gesetzt und der Vater hat sich auf die andere Seite der Wippe gesetzt. Da war das kleine Mädchen ganz hoch oben und der Vater war ganz unten.

»Los! Los!«, hat das kleine Mädchen gerufen. Aber die Wippe konnte nicht wippen. Das kleine Mädchen war doch so leicht und der Vater war so schwer.

Der Junge mit der roten Mütze hat sich hinter das kleine Mädchen gesetzt. Aber die Wippe konnte immer noch nicht wippen, die Kinder waren immer noch zu leicht.

Das Mädchen mit den Zöpfen hat sich hinter den Jungen mit der roten Mütze gesetzt. Aber die Wippe konnte immer noch nicht wippen, die Kinder waren immer noch zu leicht.

Der Junge mit den blauen Hosen hat sich hinter das Mädchen mit den Zöpfen gesetzt. Aber die Wippe konnte immer noch nicht wippen, die Kinder waren immer noch zu leicht.

Da hat das kleine Mädchen seinen Teddy auf den Schoß genommen – und auf einmal war der Vater ganz hoch oben und alle Kinder waren unten! Jetzt konnte die Wippe endlich wippen: auf und ab und auf und ab und alle haben gelacht.

Die Geschichte vom Frosch und den Fischen

Einmal hat ein Frosch am Teich gesessen und es war sehr heiß. Da hat der Frosch seinen Bauch dick voll Luft geschluckt und dann ist er ins Wasser gesprungen. Alle Fische haben zugesehen: der Fisch mit den blauen Streifen und der Fisch mit den gelben Punkten und der Fisch mit den roten Punkten und der dicke Kugelfisch.

Der Frosch war sehr stolz, weil alle Fische ihm zugesehen haben. Die kleinen weißen Fische sind ganz nah an ihn herangeschwommen und sie haben gefragt: »Was bist du denn für ein Fisch?« Der Frosch hat gesagt: »Ich bin doch der Frosch!« Und dann wollte er den Fischen etwas vorquaken. Er wollte »Quax! Quax! Quax!« schreien. Aber es hat sich nur angehört wie »Blubb-blubb-blubb«. Im Wasser kann man doch nicht schreien. Die kleinen weißen Fische sind erschrocken, sie sind schnell weggeschwommen.

Der Frosch ist wieder aus dem Wasser geklettert. Er hatte alle Luft aus seinem Bauch herausgeschrien und ohne Luft im Bauch konnte er nicht mehr schwimmen. Erst musste er wieder neue Luft in seinen Bauch schlucken und er hat sich noch dicker aufgeblasen als vorher und die Fische haben ihm dabei zugesehen und sie haben gelacht über den Frosch.

Die Geschichte von den Ferkelchen

Einmal ist ein Schwein mit seinen Ferkelchen auf die Wiese gegangen. Es war sehr heiß und das Schwein hat sich in den Schatten gelegt und ist eingeschlafen. Da sind die Ferkelchen weggelaufen.

Eins ist in den Garten gelaufen, da hat es grüne Beeren gefressen und davon hat es Bauchweh bekommen.

Eins ist in den Hof gelaufen, da hat der Gänserich das Ferkelchen ins Ringelschwänzchen gezwickt.

Eins ist auf die Straße gelaufen, da ist ein Auto gekommen und das Ferkelchen ist vor Schreck in den Graben gekugelt und nachher war es sehr schmutzig.

Nur das allerkleinste Ferkelchen, das ist bei der Mutter geblieben. Es hat kein Bauchweh bekommen, es ist nicht vom Gänserich gezwickt worden und es war überall fein sauber und rosa. Aber es hat sich den ganzen Tag fürchterlich gelangweilt.

Die Geschichte von der Dreh-Hops-Wipp-Tute-Maschine

Einmal haben die Leute den Keller aufgeräumt und sie haben viele alte Sachen in den Hof gestellt: eine alte Matratze und ein krummes Fahrrad und ein langes Brett und ein rostiges Ofenrohr und noch viele andere alte Sachen. Da war gar kein Platz mehr im Hof, die Kinder konnten nicht mehr spielen.

Zuerst haben sie sich geärgert. Aber dann haben sie gesagt: »Wir bauen uns etwas!« Sie haben die Matratze auf die Erde gelegt und dann sind sie darauf herumgehopst. Jetzt hatten sie eine Hops-Maschine!

Dann haben sie das Fahrrad umgedreht. Sie haben es neben die Matratze gestellt und sie sind gehopst und haben an den Rädern vom Fahrrad gedreht. Jetzt hatten sie eine Dreh-Hops-Maschine!

Dann haben sie das Brett über die Matratze gelegt. Mit dem Brett konnten sie wippen. Jetzt hatten sie eine Dreh-Hops-Wipp-Maschine!

Dann haben sie das Ofenrohr geholt. Sie haben laut durch das Ofenrohr getutet und jetzt hatten sie eine Dreh-Hops-Wipp-Tute-Maschine! Alle Leute haben aus den Fenstern geguckt und gelacht.

Die Geschichte von der Kuh

Einmal hat einer Kuh das Gras nicht mehr geschmeckt. Sie wollte lieber etwas anderes fressen, nicht immer nur Gras und Gras.

Zuerst hat sie am Zaun geknabbert. Aber das Holz war so hart und so trocken, es hat der Kuh gar nicht geschmeckt. Da hat sie die Wäscheleine hinter dem Zaun gesehen. Sie hat ihren Hals lang gemacht, sie hat die Zunge weit aus dem Maul gestreckt und dann hat sie ein Hemd von der Leine gezogen. Aber das Hemd hat nach Seife geschmeckt, die Kuh hat es nur halb aufgefressen.

Sie hat sich umgesehen und da hat sie im Gebüsch einen alten Schuh gefunden. Die Kuh hat lange auf dem Schuh herumgekaut. Aber die Schuhbändel sind ihr ums Maul gebaumelt, das hat die Kuh geärgert und das Leder hat nach Schuhwichse geschmeckt. Die Kuh hat den alten Schuh wieder ausgespuckt. Sie hat sich in den Schatten gelegt, sie hat ein bisschen geschlafen und dann hat sie den anderen Kühen zugesehen.

Die anderen Kühe haben Gras mit Pusteblumen gefressen. Die Kuh wollte auch etwas davon haben, die anderen Kühe sollten ihr nicht alles wegfressen! Sie ist wieder aufgestanden, sie hat Gras mit Blumen gefressen und das hat ihr jetzt so richtig gut geschmeckt.

Die Geschichte vom schönen neuen Schmetterling

Einmal ist ein Schmetterling aus einem Loch in der Mauer gekrochen, ein ganz neuer Schmetterling. Er hatte wunderschöne bunte Flügel, aber er ist nicht fortgeflogen, er ist auf der Mauer sitzen geblieben.

Die anderen Schmetterlinge sind an ihm vorbeigeflogen, der Wind hat sie getragen und sie haben sich Honig von den Blumen geholt. Aber der neue Schmetterling hatte Angst vor dem Fliegen. Die Bienen sind um ihn herumgesummt, die Mücken haben um ihn herumgetanzt und die dicke Hummel ist über ihm durch die Luft gebrummt. Aber der neue Schmetterling hatte immer noch Angst vor dem Fliegen. Seine schönen Flügel haben gezittert, er hat die Fühler an seinem Kopf weit ausgestreckt und mit den Beinen hat er sich an der Mauer festgehalten.

Aber dann ist der Wind gekommen. Er hat den schönen neuen Schmetterling einfach aufgehoben und hoch in die Luft getragen. Da musste der Schmetterling fliegen, da konnte er auf einmal fliegen und da wollte er nur noch fliegen und fliegen, so wunderbar war das!

Die Geschichte von der Eidechse

Einmal hat es geregnet und die Eidechsen haben in ihren Erdlöchern gesessen und gefroren. Da hat eine von ihnen gesagt: »Tief unten in der Erde ist ein großes Feuer, dorthin will ich!« Die anderen Eidechsen haben sie ausgelacht, sie haben gesagt: »Wir wollen lieber auf die Sonne warten.«

Aber die eine Eidechse ist doch in die Erde gekrochen, an den Baumwurzeln vorbei und immer tiefer. Es war dunkel in der Erde und die Eidechse ist sehr müde geworden. Aber sie ist weiter und immer weiter gekrochen, immer tiefer hinunter: an den Wasserquellen unter der Erde vorbei, an den Kohlen in der Erde vorbei, an den Felsen mit den Edelsteinen vorbei. Endlich ist sie an das große Feuer gekommen. Das war so heiß, dass die Steine gekocht haben, und es war außen blau und dann grün und dann rot und dann gelb und in der Mitte war es weiß vor Hitze. Die Eidechse hat gestaunt und sie hat sich gewärmt an dem großen Feuer. Dann ist sie wieder nach oben gekrochen.

Sie hat den anderen Eidechsen von dem großen Feuer erzählt und sie haben gar nicht mehr gefroren, als sie das gehört haben. Sie musste es ihnen immer wieder erzählen und sie haben sich dabei immer richtig warm und gemütlich gefühlt.

Die Geschichte vom Kind und dem Vogel

Einmal hat ein Vogel im Baum neben dem Spielplatz gewohnt und auf dem Spielplatz hat immer ein Kind gespielt, ein Kind mit einer roten Jacke. Das Kind hat dem Vogel jeden Morgen ein bisschen Brot gegeben und der Vogel hatte gar keine Angst vor dem Kind.

Aber einmal ist der Vogel sehr weit weggeflogen, er ist hoch über die Stadt geflogen. Da hat er alles von oben gesehen: die Dächer und Türme und Schornsteine, die Menschen und Autos und Eisenbahnen und den Fluss mit den Schiffen. Der Vogel hat sich alles ganz genau angesehen. Dann ist er müde geworden und er wollte wieder zu seinem Baum am Spielplatz fliegen. Aber er konnte den Spielplatz nicht mehr finden. Da waren so viele Plätze mit Bäumen in der Stadt und von oben haben sie alle gleich ausgesehen. Der Vogel ist immer im Kreis herumgeflogen. Seine Flügel waren schon müde, aber er hatte den Spielplatz immer noch nicht gefunden.

Da hat das Kind den Vogel hoch oben in der Luft gesehen. Es hat mit beiden Armen gewinkt und der Vogel hat das Kind mit der roten Jacke erkannt. Jetzt wusste er wieder, wo sein Baum war! Er ist zum Spielplatz geflogen und das Kind hat ihm Brot gegeben. Der Vogel hat sich gefreut und auch das Kind hat sich gefreut.

Die Geschichte vom Eichhörnchen und den Mäusen

Einmal hatte ein Eichhörnchen seine Wohnhöhle in einem hohen Baum und zwischen den Wurzeln vom Eichhörnchenbaum hatten eine Maus und ihre sechs Mäuschen ihr Nest.

Die Mäusemutter musste immer viel fressen, damit sie für ihre Kinder genug Milch in ihren Zitzen hatte. Darum musste sie oft weit weglaufen und sich Futter suchen. Einmal konnte sie ihr Nest nicht mehr finden und die Mäuschen waren allein und hatten Angst und großen Hunger. Sie haben laut gepiepst und das Eichhörnchen hoch oben im Baum konnte bei dem Lärm nicht schlafen. Es hat Nussschalen und Eicheln hinunter auf das Mäusenest geworfen. Vor Schreck haben die Mäuschen noch lauter gepiepst. Endlich hat das Eichhörnchen gemerkt, dass die kleinen Mäuse allein waren. Es ist von seiner Wohnhöhle heruntergesprungen. Es wollte sie trösten. Aber der Eingang zum Mäusenest war viel zu eng für das Eichhörnchen mit seinem buschigen Schwanz. Es musste draußen bleiben.

Aber die Mäuschen konnten das Eichhörnchen sehen. Da hat es vor dem Mauseloch verrückte Sprünge gemacht und getanzt. Die Mäuse haben ihm zugesehen und waren gar nicht mehr traurig.

Und als die Mäusemutter nach Hause kam, hat sie mitgetanzt.

Die Geschichte vom kleinen Pferd im Schnee

Einmal, im Winter, hat ein kleines Pferd im Stall gestanden. Im Stall war es dunkel und eng und das kleine Pferd war traurig. Es musste immer an die Wiese denken, es wollte so gern wieder einmal draußen hin und her rennen. Im Stall sollte es Heu und Hafer fressen, aber es wollte viel lieber frisches grünes Gras haben. Darum ist es heimlich aus dem Stall auf die Wiese gelaufen.

Aber auf der Wiese hat Schnee gelegen und das kleine Pferd hatte noch niemals Schnee gesehen. Es ist erschrocken, weil alles so weiß war und weil der Schnee so kalt war. Und kein anderes Pferd war auf der Wiese! Das kleine Pferd hat laut gerufen: »Wi-hi-hi-hü!« Das haben die anderen Pferde im Stall gehört und alle haben geantwortet: »Wi-hi-hi-hü!« Aber sie konnten nicht zu dem kleinen Pferd auf die Wiese laufen, sie waren fest angebunden. Der Bauer hat das kleine Pferd wieder in den Stall geholt. Jetzt war es gar nicht mehr traurig. Es ist gern im warmen Stall geblieben.

Aber dann war der Winter vorbei, und der Schnee ist geschmolzen und alle Pferde durften wieder auf die Wiese hinaus. Das kleine Pferd ist hin und her gerannt, es hat große Sprünge gemacht, so lustig war es, und dann hat es viel frisches grünes Gras gefressen.

Die Geschichte von der Pudding-Katze

Einmal haben die Kinder auf dem Puppenherd gekocht. Der Junge hat Milch in den Topf gegossen, das Mädchen hat Schokoladenpulver dazugetan und dann hat der Junge alles umgerührt. Das war ein guter Schokoladenpudding! Alle Puppen und Stofftiere und der Teddy sollten mitessen.

Da ist die Katze gekommen, sie wollte auch mitessen. Die Kinder haben ihr einen kleinen Teller voll Pudding gegeben. Schlapp-schlapp war der Katzenteller leer. Die Katze hat »Miau!« geschrien, sie wollte noch mehr Pudding haben. Die Kinder haben ihr noch einen Teller voll Pudding gegeben. Schlapp-schlapp war der Teller wieder leer. Und die Katze hat wieder »Miau!« geschrien. Die Kinder haben gesagt: »Du kriegst nichts mehr!«

Da hat die Katze den Kochtopf mit der Pfote umgeworfen und der Pudding ist auf die Erde geflossen! Schlapp-schlapp hat die Katze ihn aufgeleckt. Zuerst haben die Kinder geschimpft, dann haben sie gelacht und dann haben sie neuen Pudding gekocht und die Katze hat gar nichts mehr davon bekommen.

Die Geschichte vom kleinen Auto und dem Maulwurf

Einmal hatte ein Junge ein kleines Auto, das hat er zum Spielplatz mitgenommen. Er hat sein Auto auf dem Weg hin und her fahren lassen und auf einmal war es weg! Der Junge hat es überall gesucht, aber er konnte es nicht mehr finden. Das Auto war nämlich in ein Mauseloch gefallen und dann ist es unter der Erde weitergefahren, immer weiter durch den langen Mäusegang. Die Mäuse sind sehr erschrocken und sie sind alle weggelaufen und sie haben laut gepiepst vor Angst.

Das hat der Maulwurf gehört. Er ist durch den Mäusegang zum Auto gelaufen, er hat daran geschnuppert und er hat daran geknabbert. Aber das Auto hat ihm nicht gut geschmeckt. Da hat er es mit dem Kopf vor sich hergeschoben, durch den ganzen langen Mäusegang, bis nach draußen. Das war eine schwere Arbeit für den Maulwurf. Die Mäuse waren sehr froh, jetzt brauchten sie keine Angst mehr zu haben. Am anderen Morgen gab es einen neuen Maulwurfshaufen neben dem Weg und oben auf dem Maulwurfshaufen stand das kleine Auto!

Der Junge ist wieder zum Spielplatz gekommen, er hat sein Auto gleich gesehen und er hat allen Kindern auf dem Spielplatz erzählt, dass der liebe Maulwurf das Auto gefunden hat.

Die Geschichte vom Hasen mit den großen Ohren

Einmal hatte ein kleiner Hase ganz riesengroße Ohren. Die anderen Hasen haben ihn ausgelacht. Sie haben gesagt: »Du hast ja viel zu große Ohren! Das ist hässlich.« Und der kleine Hase war traurig. Er hat gesagt: »Ich wachse doch noch und vielleicht wachsen meine Ohren nicht mit. Dann sind sie nicht mehr zu groß.« Der kleine Hase ist auch wirklich noch gewachsen, aber seine Ohren sind immer mitgewachsen! Die anderen Hasen haben gesagt: »Du bist immer noch ein hässlicher Große-Ohren-Hase!« Und der Hase war noch trauriger, weil das Wachsen nicht geholfen hatte.

Aber er konnte mit seinen großen Ohren viel besser hören als die anderen Hasen. Er konnte die Käfer trapsen hören, er konnte die Regenwürmer unten in der Erde flüstern hören und er konnte sogar eine Vogelfeder fallen hören!

Einmal waren alle Hasen im Kleefeld und der Jäger ist mit dem Hund gekommen. Der Jäger war noch weit weg, aber der Hase mit den großen Ohren hat ihn schon gehört. Er hat ganz schnell mit seinen großen Ohren gewackelt, er hat sie wie ein Windrädchen immer um und um gedreht. Das haben die anderen Hasen gesehen und alle sind schnell in den Wald gesprungen. Der Jäger hat sie nicht gefunden.

Da haben die anderen Hasen zum Große-Ohren-Hasen gesagt: »Wie gut, dass du so große Ohren hast! Die sehen eigentlich auch gar nicht hässlich aus.« Da war der Hase mit den großen Ohren aber froh!

Die Geschichte von den Hühnern und dem Regenwurm

Einmal haben zwei Hühner einen Regenwurm gefunden und das eine Huhn wollte ihn fressen und auch das andere Huhn wollte ihn fressen. Das eine Huhn hat an der einen Seite vom Regenwurm gezogen und das andere Huhn hat an der anderen Seite vom Regenwurm gezogen.

Aber da ist der Hahn gekommen, der wollte jetzt den Regenwurm haben. Er hat mit den Flügeln geschlagen, er hat seinen roten Kamm hoch aufgestellt, er hat seine bunten Schwanzfedern im Wind wehen lassen und dann hat er laut »Ü-ü-ü-üü!« gerufen. Sofort haben die Hühner den Regenwurm losgelassen, weil der Hahn doch so schöne bunte Schwanzfedern hatte und die Hühner hatten gar keine, und weil der Hahn doch so gut krähen konnte und die Hühner konnten nur gackern. Der Hahn hat noch mehr mit den Flügeln geschlagen, er hat den Kopf mit dem roten Kamm noch höher in die Luft gestreckt und er hat noch einmal gerufen, noch lauter: »I-i-i-ü!«

Dann hat er den Regenwurm fressen wollen. Aber der war schon längst wieder in sein Erdloch gekrochen! Da haben die Hühner gelacht.

Die Geschichte vom roten Bällchen

Einmal hatte ein Kind ein rotes Bällchen, das konnte besonders gut springen. Aber einmal ist es zur Tür hinausgerollt und dann ist es die Treppe hinuntergehüpft und dann ist es aus der Haustür gesprungen und dann ist es den Rinnstein entlanggelaufen und dann ist es in den Kanal gefallen!

Der Kanal hat das Bällchen mitgenommen in den Fluss und der Fluss hat es mitgenommen ins Meer. Im Meer hat ein großer Fisch das Bällchen verschluckt, aber es ist im Fischbauch immer auf und ab getanzt, da hat der Fisch es wieder ausgespuckt. Die Wellen im Meer haben das Bällchen weitergetragen, da hat ein Vogel das rote Bällchen auf den Wellen schwimmen sehen und er hat es in den Schnabel genommen. Der Vogel ist mit dem Bällchen übers Meer geflogen und auf der anderen Seite vom Meer hat er es wieder losgelassen.

Das Bällchen ist in den Sand gefallen, es hat zwischen den bunten Steinen und den schönen Muscheln gelegen.

Da ist ein anderes Kind gekommen, das hat das Bällchen gefunden und mitgenommen. Es hatte noch nie ein so schönes Bällchen gesehen. Und das Bällchen konnte jetzt noch besser springen als vor seiner großen Reise.

Die Geschichte von der großen Matsche

Einmal hat ein Mädchen im Garten mit dem Wasserkran gespielt. Es hat gedacht: Ich könnte mein Schiff in der Wassertonne schwimmen lassen. Es ist ins Haus gegangen und hat das Schiff gesucht. Das Wasser ist in die Tonne gelaufen.

Das Mädchen konnte das Schiff nicht finden, da hat es die Bauklötze und die Holztiere mitgenommen und es hat im Sandhaufen einen Zaun für die Tiere gebaut. Das Wasser ist immer noch in die Tonne gelaufen. Es ist übergeschwappt und es hat eine große Pfütze gegeben.

Das Mädchen wollte auch Bäume hinter seinem Zaun haben. Es hat kleine Zweige von der Hecke geholt.

Das Wasser ist immer noch gelaufen, der Weg war schon überschwemmt! Das Mädchen hat die Schaukel gesehen, da wollte es schnell ein bisschen schaukeln. Das Wasser ist immer und immer noch gelaufen, es war schon am Sandhaufen!

Das Mädchen hat geschaukelt und ein Lied dabei gesungen und das Wasser hat schon den Zaun umgeworfen!

Da ist das Mädchen endlich wieder zum Sandhaufen gekommen und alle Kühe und Schweine und Pferde und Schafe haben im Wasser gelegen und der Sandhaufen war eine riesige Matsche! Das Mädchen hat schnell die Tiere auf die Bank gestellt, dann hat es den Wasserkran zugedreht und dann ist es mit nackten Füßen in der großen Matsche herumgepatscht. Das war schön!

Die Geschichte von der Schnecke in der Stadt

Einmal wollte eine Waldschnecke nicht mehr im Wald bleiben. Es war ihr zu eng zwischen all den Bäumen. Darum ist die Schnecke aus dem Wald gekrochen und ihr kleines rundes Haus hat sie mitgenommen. Sie ist durch die Wiese gekrochen, sie ist über das Feld gekrochen und sie ist den Weg entlanggekrochen.

Am Abend war die Schnecke in der Stadt und sie ist immer weiter durch die Straßen gekrochen, bis zum Morgen. Da war sie gerade mitten auf einem großen Platz und auf einmal hat sie Angst bekommen. Die Menschenhäuser waren so groß und das Schneckenhäuschen war so klein! Und ganz allein war die Schnecke auf dem riesigen Platz, nur Luft war um sie herum, gar nichts Grünes war da! Die Schnecke hat den Kopf in ihr Haus gezogen und sie ist still sitzen geblieben.

Da sind Schulkinder über den Platz gekommen. Sie haben gerufen: »Da ist eine schöne Schnecke!« Die Schnecke hat ihren Kopf wieder aus ihrem Haus gestreckt. Sie hat sich gefreut. Die Schulkinder haben die Schnecke vorsichtig aufgehoben. Ein Junge hat sie über den großen Platz getragen, er hat sie in einen Garten gebracht.

Da hat es der Schnecke gut gefallen und sie ist immer in der Stadt geblieben. Sie ist eine Stadtschnecke geworden.

Die Geschichte vom Hund und der Puppe

Einmal haben die Kinder im Hof gespielt. Sie haben die Puppe in ein Auto gesetzt und dann haben sie die Puppe immer hin und her fahren lassen. Da ist ein Hund gekommen, der hat an der Puppe geschnuppert und er ist immer neben dem Auto hergelaufen. Die Kinder haben den Hund weggejagt. Er sollte nicht an der Puppe schnuppern.

Dann wollten die Kinder etwas anderes spielen. Sie haben sich einen Kaufladen gebaut, da konnte man Rosinen und Zucker und Nüsse und Kuchenstücke kaufen. Der Hund ist wieder gekommen und er hat am Kaufladen geschnuppert. Die Kinder haben den Hund wieder weggejagt. Er sollte nicht an ihrem Kuchen schnuppern.

Dann haben die Kinder weiter mit ihrem Kaufladen gespielt. Aber auf einmal ist ein Gewitter gekommen und es hat einen schlimmen Regen gegeben. Die Kinder sind schnell ins Haus gelaufen. Sie haben alle leckeren Sachen aus ihrem Kaufladen mitgenommen, aber die Puppe haben sie vergessen! Die arme Puppe hat immer noch im Auto gesessen und sie ist ganz nass geworden.

Da hat der Hund die Puppe vorsichtig ins Maul genommen und hat sie ins Haus getragen. Die Kinder waren froh. Sie haben den Hund gestreichelt und er hat einen großen Hundekuchen bekommen.

Die Geschichte vom Spinnchen und dem Hirsch

Einmal hat ein Spinnchen im Wald gewohnt, hoch oben im Baum hat es unter einem Blatt geschlafen. Das Spinnchen hatte noch nie ein richtiges Spinnennetz gebaut. Es hat sich immer nur einen langen Faden gesponnen, daran ist es auf und ab geklettert und manchmal hat es sich vom Wind an seinem Faden schaukeln lassen. Aber da ist der große Hirsch durch den Wald gelaufen und er hat mit seinem Kopf den Faden zerrissen. Das Spinnchen ist auf die Erde gefallen und der Hirsch ist weiter durch den Wald gelaufen, er hat gar nichts davon gemerkt. Jetzt musste das Spinnchen den ganzen hohen Baumstamm hinaufkrabbeln!

Am nächsten Tag hat es sich einen neuen Faden gesponnen und es hat sich wieder vom Wind schaukeln lassen. Aber da ist wieder der Hirsch gekommen und er hat wieder den Faden zerrissen und er hat wieder nichts davon gemerkt.

Da hat das Spinnchen ein Netz vor den Hirschweg gebaut. Es hat sein Netz von einem Baum zum anderen gespannt. Die ganze Nacht hat es daran gearbeitet und am Morgen war das Netz fertig und es war wunderschön.

Der Hirsch ist wieder gekommen und sofort hat er das schöne große Netz gesehen. Er ist stehen geblieben, er hat das Netz angeguckt und dann ist er um die Bäume herumgelaufen. Der Hirsch wollte das schöne Netz nicht zerreißen. Er hat sich einen neuen Hirschweg getrampelt und das Spinnchen hat sich vom Wind in seinem schönen Netz schaukeln lassen.

Die Geschichte vom fliegenden Hut

Einmal sind ein Mädchen und ein Junge mit der Mutter einkaufen gegangen und draußen hat ein wilder Wind geweht. Da ist einer Frau der Hut vom Kopf geflogen und er ist wie ein Rad über die Straße gerollt.

Eine Katze ist hinter dem Hut hergesprungen und ein Hund ist hinter der Katze hergerannt und der Junge ist hinter dem Hund hergerannt und das Mädchen ist hinter dem Jungen hergerannt und die Mutter ist hinter den Kindern hergerannt.

Der Hut ist durch eine Pfütze gerollt und dann ist er am Zaun hängen geblieben. Da wollte die Katze ihn packen. Aber der Hut ist ihr auf den Kopf gefallen, er ist ihr über die Augen gerutscht und die Katze konnte nichts mehr sehen. Sie hat sich nur immer im Kreis herumgedreht, mit dem großen Hut auf dem Kopf!

Da hat der Hund nach dem Hut geschnappt und er hat ihn dem Jungen gebracht und der Junge hat ihn dem Mädchen gebracht und das Mädchen hat ihn der Mutter gebracht und die Mutter hat ihn der Frau gegeben und die Frau hat ihren Hut wieder aufgesetzt. Der war jetzt aber schlimm zerknautscht!

Die Geschichte vom dicken Käfer

Einmal hat ein Käfer eine Birne gefunden, die war schon ein bisschen faul, aber das hat dem Käfer besonders gut geschmeckt. Er hat gefressen und gefressen, bis ein Loch in der Birne war. Er hat seinen Kopf in das Loch gesteckt und dann hat er immer weiter gefressen und gefressen, bis er ganz in das Birnenloch hineinkriechen musste. Und er hat immer noch weiter gefressen und gefressen, bis er ganz dick und rund war. Dann ist er die Straße entlanggekrabbelt. Aber er konnte nur noch ganz langsam laufen. Vom vielen Fressen und Fressen war er viel zu dick geworden.

Ein Motorrad ist an ihm vorbeigefahren und der Käfer wollte gern wegfliegen, aber er konnte nicht mehr fliegen. Vom vielen Fressen und Fressen war er viel zu schwer geworden. Ein Lastauto ist an ihm vorbeigefahren, das hat einen Wind gegeben und der Käfer ist auf den Rücken gefallen. Er hat mit den Beinen gestrampelt, aber er ist nur immer hin und her gerollt. Vom vielen Fressen und Fressen war er viel zu rund geworden.

Da hat ein Kind den Käfer gesehen. Es hat ihn aufgehoben und ins Gras gesetzt. Der Käfer ist unter ein Blatt gekrabbelt. Da hat er drei Tage gesessen und hat gar nichts mehr gefressen, bis er wieder dünn war.

Die Geschichte vom Butterbrot und der Ameise

Einmal ist ein Kind mit Mutter und Vater im Wald gewesen und sie haben Butterbrote gegessen. Das Kind hat ein Stück Brot verloren, es hat gar nichts davon gemerkt.

Eine Ameise hat das Brot gefunden und zuerst hat sie sich sehr gefreut. Aber das Brot war so groß und schwer und die Ameise war so klein, sie konnte das Brot nicht in den Ameisenbau tragen. Da ist das Wildschwein gekommen, das hat einen Happen vom Brot abgebissen. Aber der Jäger ist durch den Wald gegangen und das Wildschwein ist erschrocken und weggerannt. Dann ist das Reh gekommen, das hat auch ein Stück von dem Brot gefressen. Aber ein Flugzeug ist über den Wald geflogen und das Reh ist erschrocken und weggelaufen. Dann ist ein Hase gekommen, der hat auch von dem Brot gefressen. Aber irgendwo hat ein Hund gebellt und der Hase ist erschrocken und weggesprungen. Dann ist das Mäuschen gekommen, das hat auch an dem Brot geknabbert. Aber ein Blatt hat im Wind geraschelt und das Mäuschen ist erschrocken und in sein Mauseloch geschlüpft.

Da war von dem Butterbrot nur noch ein Krümelchen übrig, das war so leicht, das konnte die Ameise tragen. Und sie war froh und hat das Brotkrümelchen in den Ameisenbau geschleppt und dort haben alle Ameisen ein Brotfest gefeiert, bis vom Krümel nichts mehr übrig war.

Die Geschichte von der Schildkröte und dem Igel

Einmal hatte ein Junge eine Schildkröte, die war immer traurig. Sie wollte nicht immer allein in der engen Kiste sitzen. Aber das konnte sie ja dem Jungen nicht sagen. Der Junge hat ihr Salat und Erdbeeren gegeben, aber sie war immer noch traurig. Der Junge hat ihren Kopf gestreichelt, aber sie war immer noch traurig. Da hat der Junge die Kiste mit der Schildkröte in den Garten gebracht. Er hat gesagt: »In der Sonne wirst du vielleicht wieder lustig.« Dann ist er zum Spielen auf die Straße gelaufen.

Die Schildkröte ist schnell aus der Kiste geklettert. Sie hat im ganzen Garten nach einer anderen Schildkröte gesucht, aber da war keine. Da waren nur die Vögel, die haben geschrien: »Was bist du denn für ein komisches fremdes Tier?« Und die Katze von nebenan hat gefaucht: »Was bist du denn für ein hässliches fremdes Tier?« Da war die arme Schildkröte noch trauriger. Sie wollte sich im Gebüsch verstecken, aber der Igel hat im Gebüsch gesessen! Die Schildkröte ist sehr erschrocken, sie wollte weglaufen, sie wollte wieder in die Kiste klettern. Aber da hat der Igel gerufen: »Wer bist du denn? Du gefällst mir gut!«

Und der Igel und die Schildkröte sind Freunde geworden. Jetzt war die Schildkröte nicht mehr traurig. Der Junge hat das gemerkt. Er hat die Schildkröte nicht wieder in die Kiste gesetzt. Sie durfte jetzt immer im Garten bei dem Igel bleiben.

Die Mutter hat zuerst nur ein kleines Stück von der Suppengeschichte erzählt und das Kind hat zugehört. Es hat den Mund weit aufgemacht für den Löffel und jetzt hat ihm die Suppe gut geschmeckt. Genauso gut hat dem kleinen Pferd das grüne Gras geschmeckt.

Die Mutter hat wieder ein kleines Stück von der Suppengeschichte erzählt und das Kind hat zugehört und es hat wieder den Mund aufgemacht. Jetzt hat ihm die Suppe noch besser geschmeckt. Genauso gut hat der Katze der Pudding geschmeckt.

Die Mutter hat noch ein Stück von der Suppengeschichte erzählt und die Suppe hat dem Kind immer besser geschmeckt. Genauso gut hat den Ameisen das Butterbrot geschmeckt.

Und die Mutter hat immer weitererzählt und das Kind hat immer weitergegessen und dann war die Suppengeschichte zu Ende und der Teller war leer!

Achtundzwanzig Lachgeschichten

Inhalt

Die Geschichte vom Kind, das immer lachen musste

Einmal war ein Kind so lustig, dass es immer lachen musste. Das Kind ist mit dem Großvater spazieren gegangen und es hat einen großen Regen gegeben. Sie hatten keine Mäntel und keinen Schirm, darum haben sie sich mit den anderen Leuten in einen Hauseingang gestellt. Die Leute haben über den Regen geschimpft, aber das Kind hat nur gelacht.

Der Regen vom Dach ist auf Großvaters Hut getropft und dort ist er stehen geblieben wie in einer Schüssel. Und als der Hut ganz voll Regenwasser war, ist es übergeschwappt und dem Kind in den Kragen gelaufen. Da musste das Kind noch mehr lachen und auch der Großvater hat gelacht.

Dann ist ein Lastwagen durch eine große Pfütze gefahren und das hat toll gespritzt. Das Kind war von oben bis unten nass. Die Leute wollten schon wieder schimpfen, aber das Kind musste nur noch mehr lachen und auch der Großvater musste lachen. Da konnten die Leute nicht mehr schimpfen. Sie mussten alle mitlachen.

Die Geschichte vom Floh und dem Affen

Einmal hat ein Floh einen Affen am Bauch gezwickt. Da hat der Affe sich mit der Hand auf den Bauch geklatscht, dass es nur so geknallt hat. Aber der Floh war ihm schon längst auf die Schulter gehüpft. Da hat der Affe sich selbst in die Schulter gebissen. Aber der Floh war ihm schon längst auf den Rücken gehüpft. Der Affe wollte ihn packen, er hat sich rund und rund um sich selbst gedreht, bis ihm schwindelig wurde. Aber der Floh war nur gerade ein Stückchen tiefer gehüpft und ist über den Affenpopo gekrabbelt. Der Affe hat sich schnell auf die Erde gesetzt. Er hat gedacht: »Jetzt hab ich ihn gefangen!« Aber da hat der Floh den Affen von unten gezwickt. Der Affe ist schnell wieder aufgesprungen und hat mit beiden Händen auf sein eigenes Hinterteil geschlagen, immer schneller, immer fester. Aber der Floh war ihm schon längst auf den Kopf gehüpft.

Dort hat er gesessen und zugesehen, wie der Affe sich selbst verhauen hat.

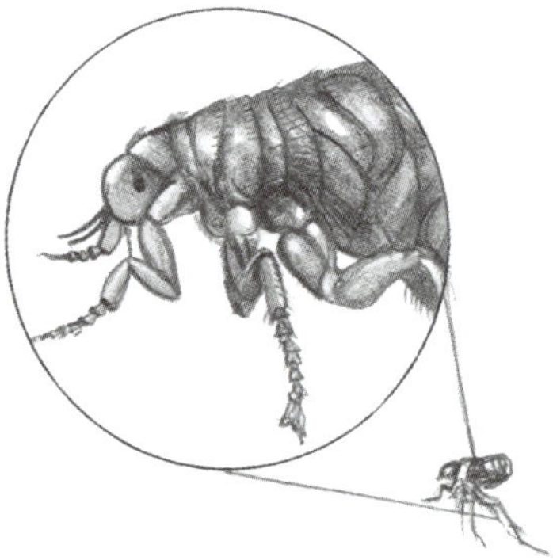

Die Geschichte von der Maus im Laden

Einmal ist eine Maus nachts in den Laden gelaufen. Sie hat all die guten Sachen gerochen: Butter und Speck und Wurst und Käse und Brot und Kuchen und Schokolade und Äpfel und Nüsse und frische Möhren. Sie hat sich auf die Hinterbeine gesetzt und das Schnäuzchen in die Luft gestreckt und vor Freude gepfiffen. Aber womit sollte sie jetzt anfangen?

Sie wollte gerade an einem Butterpaket knabbern, da hat es von der einen Seite so gut nach Speck gerochen und von der anderen Seite hat es so gut nach Käse gerochen! Sie wollte gerade am Käse knabbern, da hat es von der einen Seite so gut nach Wurst gerochen und von der anderen Seite hat es so gut nach Schokolade gerochen! Sie wollte gerade an der Schokolade knabbern, da hat es von der einen Seite so gut nach Kuchen gerochen und von der anderen Seite hat es wieder so gut nach Butter gerochen! Die arme Maus ist immer hin und her gerannt. Sie wusste und wusste und wusste nicht, was sie zuerst fressen sollte. Und auf einmal war es hell und die Leute sind in den Laden gekommen. Sie haben die Maus nach draußen gejagt.

Die hat zu den anderen Mäusen gesagt: »Nie mehr gehe ich in den Laden! Wenn man gerade anfangen will zu fressen, wird man weggejagt!«

Die Geschichte von der Blumennase

Einmal war ein Junge immer sehr brav. Er hat sich nie schmutzig gemacht und er hat nie hässliche Wörter gesagt und seine Fingernägel waren immer sauber. Er wollte das bravste Kind der Welt sein. Er hat auch nie in der Nase gebohrt, auch nicht heimlich. Natürlich hatte er manchmal Dreck in der Nase, wie alle anderen Leute. Und weil er nie in der Nase gebohrt hat, war in seiner Nase noch viel mehr Dreck als bei allen anderen Leuten. Und eines Tages, im Sommer, sind dem Jungen Blumen und Gras aus den Nasenlöchern gewachsen, wie aus zwei umgedrehten Blumentöpfen! Der Junge war sehr stolz auf seine Blumennase.

Aber die Kinder haben ihn ausgelacht und die Leute haben gesagt: »Pfui! Warum macht er sich denn die Nase nicht sauber?« Das konnte der Junge gar nicht verstehen. Er hat den Kopf geschüttelt. Dabei haben die Blumen und das Gras ihn so gekitzelt, dass er niesen musste. Er hat alle Blumen und alles Gras herausgeniest. Die Kinder und die Leute haben gelacht und der Junge ist weggerannt. Aber jetzt hatte er doch endlich eine saubere Nase.

Die Geschichte von den Brüllstieren

Einmal waren zwei Stiere auf einer Wiese. Sie wollten den Kühen zeigen, wie stark sie sind. Der eine hat gebrüllt: »Ich bin stärker als du! Ich kann dich umrennen, wenn ich will!« Und der andere hat gebrüllt: »Nein, ich bin stärker! Ich kann dich mit den Hörnern in die Luft werfen, wenn ich will!« Und die Kühe haben am Zaun gestanden und gestaunt und die Stiere haben weitergebrüllt.

Der eine hat gebrüllt: »Ich kann dich zu Brei stampfen, wenn ich will!« Und der andere hat gebrüllt: »Ich kann dich anschnauben, dass dir dein Fell verbrennt, wenn ich will!« Und die Kühe am Zaun haben gemuht und ihre großen Köpfe geschüttelt.

Die Stiere haben gebrüllt, bis sie heiser waren. Der eine hat geschrien: »Ich kann mit den Augen rollen, dass du vor Angst in ein Mauseloch kriechst, wenn ich will!« Und der andere hat geschrien: »Ich kann dich mit der Schwanzspitze antippen, dass du auf den Mond fliegst, wenn ich will!« Da haben die Kühe sich gelangweilt bei dem dummen Gebrüll. Sie haben den Stieren den Rücken zugedreht und das gute Gras gerupft und die Stiere allein weiterschreien lassen.

Die Geschichte von den Rosinenbrötchen

Einmal hat der Vater zum Kind gesagt: »Bitte, lauf doch schnell für mich zur Post und kauf mir dreißig Briefmarken.« Und die Mutter hat gesagt: »Auf dem Rückweg kannst du beim Bäcker drei Rosinenbrötchen holen.«

Das Kind ist mit dem Geld fortgegangen. Es war gar nicht weit bis zur Post. Aber die anderen Kinder haben auf der Straße gespielt und das Kind hat ihnen zugesehen und ein bisschen mitgespielt.

Dann ist es zur Post gelaufen. Es hat drei Briefmarken gekauft und dann hat es beim Bäcker dreißig Rosinenbrötchen geholt, zwei große Tüten voll, das Kind konnte sie kaum schleppen.

Der Vater hat gelacht und gerufen: »Jetzt muss ich Rosinenbrötchen auf meine Briefe kleben!« Und die Mutter hat gelacht und schnell Kakao gekocht und sie haben Rosinenbrötchen gegessen, bis sie Bauchweh hatten.

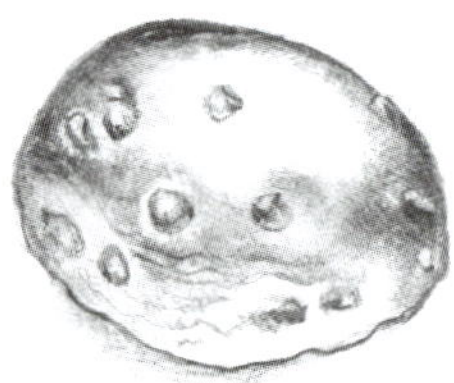

Die Geschichte von der Schneekatze

Einmal ist im Winter viel Schnee gefallen und die Kinder haben einen Schneemann gebaut und gerodelt und eine Schneeballschlacht gemacht.

Die Katze hat einen Schneeball rollen sehen. Sie wollte spielen mit dem runden Ding. Sie hat den Schneeball mit den Pfoten hin und her gekugelt und immer mehr Schnee ist daran kleben geblieben und der Schneeball ist immer dicker geworden und dann ist er den Berg hinuntergerollt. Die Katze ist ihm nachgesprungen, sie wollte ihn festhalten.

Aber der Schneeball ist immer noch dicker und schwerer geworden und immer noch weitergerollt und die Katze hat ihn nicht losgelassen. Da musste sie mitrollen und mitrollen, bis unten an den Berg. Endlich ist der Schneeball liegen geblieben. Er war so dick wie ein Kartoffelsack geworden und oben hat der Katzenkopf herausgeguckt! Die Kinder haben gelacht. Jetzt hatte der Schneemann eine Schneekatze!

Aber dann haben sie die arme Katze schnell aus dem Schnee geholt und ins Haus getragen und ihr warme Milch gegeben.

Die Geschichte vom klugen Kamel

Einmal hat ein Mann ein Kamel gestohlen. Er ist einfach damit fortgeritten. Die Leute haben zuerst nichts davon gemerkt. Sie haben noch geschlafen.

Der Mann ist auf dem Kamel durch die Wüste geritten und es war sehr heiß in der Wüste. Der Mann war müde. Er hat sein Zelt aufgestellt und sich in den Schatten gelegt.

Aber auch das Kamel war müde. Es hat sich zu dem Mann ins Zelt gelegt. Der Mann hat geschrien, er hatte Angst. Das ganze Zelt war voll Kamel! Und der Mann konnte nicht mehr hinaus, das riesige Tier hat doch vor dem Zelteingang gelegen. Der Mann war in seinem eigenen Zelt gefangen, er hat gezappelt und geheult. Aber darum hat das Kamel sich gar nicht gekümmert. Es ist liegen geblieben wie ein Berg, es hat auf die Leute gewartet.

Die hatten das Kamel schon gesucht und sie konnten von Weitem das Geschrei hören. Die Leute haben den Mann verprügelt und weggejagt und dem Kamel haben sie Zucker gegeben und alle haben es gelobt, weil es solch ein kluges Kamel war.

Die Geschichte vom Frosch und dem Brummer

Einmal wollte ein Frosch eine Fliege fangen, einen dicken blauen Brummer. Der hat auf einer alten Blechdose gesessen und sich mit den Hinterbeinen die Flügel geputzt. Schlupp – hat der Frosch seine lange Zunge herausgestreckt und nach dem Brummer geschnappt.

Aber der war schon weg. Er hat auf einer Blume gesessen und sich mit den Vorderbeinen den Kopf geputzt. Der Frosch ist hinterhergehüpft. Schlupp – hat er die lange Zunge herausgestreckt und nach dem Brummer geschnappt.

Aber der war schon wieder weg. Er hat auf einem Stein gesessen und sich mit dem rechten Hinterbein das linke Hinterbein geputzt. Der Frosch ist mit einem riesigen Hüpfer auf den Stein gesprungen. Schlupp – hat er die lange Zunge herausgestreckt und nach dem Brummer geschnappt.

Aber der war schon wieder weg. Er hat tief unten auf einem Grashalm am Teich gesessen und sich mit dem linken Vorderbein das rechte Vorderbein geputzt. Da ist der Frosch von oben auf ihn losgesprungen und hat das Maul aufgerissen und die Zunge vorgestreckt. Platsch – war er im Teich. Jetzt hatte er nur den Grashalm und kaltes Wasser im Maul. Und der Brummer ist ihm um den Kopf gebrummt. »Dummer Hupfer, dummer Hupfer, dummer, dummer!«, hat er gebrummt. Und dann hat er sich wieder auf die Blechdose gesetzt und mit dem rechten mittleren Bein das linke mittlere Bein geputzt und auf den Frosch gewartet.

SOUP

Die Geschichte vom eiligen Mann

Einmal war ein Mann so eilig, dass er am liebsten gar keine Zeit für irgendetwas brauchen wollte. Morgens ist er aus dem Haus gerannt und in den Autobus gestiegen. Aber der Autobus ist ihm viel zu langsam gefahren. An der nächsten Haltestelle ist der Mann wieder auf die Straße gesprungen und vor dem Autobus hergerannt. An der Kreuzung war gerade die Ampel rot, aber der Mann hatte gar keine Zeit, irgendetwas zu bemerken. Er ist weitergerannt. Die Autos haben gehupt, die Leute haben geschrien. Aber das hat der Mann nicht mehr gehört. Er war schon an der nächsten Straßenkurve und vor Eile ist er einfach geradeaus weitergelaufen, mitten durch ein Haus! Eine Familie wollte gerade frühstücken und der Mann ist über den Tisch gesprungen und hat die Tassen und Teller hinuntergeworfen und schon war er wieder zur Tür hinaus. Eine andere Familie hat noch geschlafen, da ist der eilige Mann über die Betten getrampelt und schon war er wieder zum Fenster hinaus. Er hatte auch gar keine Zeit »Entschuldigen Sie bitte!« zu sagen. Jetzt war er in einem Hof, der hatte ringsum hohe Mauern und der Mann hat vor Eile das Tor nicht gesehen. Er ist mit dem Kopf gegen die Mauer gerannt. Aber er hatte ja keine Zeit, über irgendetwas nachzudenken, darum hat er sich einfach nur umgedreht und ist wieder zurückgerannt: durch das Haus, über die Kreuzung und die Straße entlang, bis er auf einmal wieder zu Hause war. Da hat er sich gewundert!

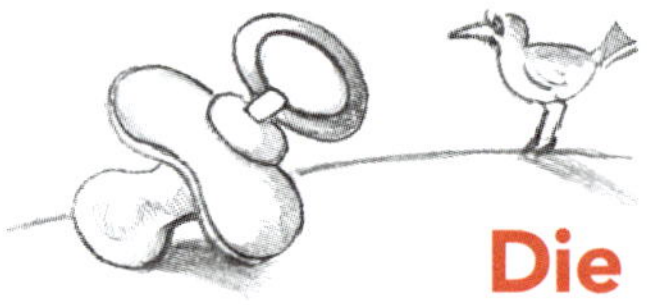

Die Geschichte vom Schnuller

Einmal sollte ein Junge auf das Brüderchen achtgeben. Die Mutter war einkaufen gegangen. Zuerst hat das Brüderchen geschlafen, aber dann ist es aufgewacht und hat geweint. Es wollte seinen Schnuller haben.

Der Junge hat den Schnuller im Bettchen gesucht. Er hat alle Tücher und Decken und Kissen herausgeworfen. Aber da war der Schnuller nicht und das Brüderchen hat am Gitter gerüttelt und geschrien. Der Junge hat das Brüderchen auf den Teppich gesetzt. Er hat ihm den Teddy und die Ente und den Ball gegeben. Aber das Brüderchen hat alles weggeschmissen und noch lauter geschrien.

Der Junge hat den Schnuller in der Schublade vom Tisch gesucht, er hat die ganze Schublade ausgekippt. Aber auch da war der Schnuller nicht und das Brüderchen ist durchs Zimmer gerutscht und hat gebrüllt. Der Junge hat alle Kleider und Mäntel aus dem Schrank geräumt und da hat er endlich den Schnuller gesehen: oben auf dem Schrank! Er ist auf einen Stuhl geklettert und vom Stuhl auf den Schrank. Aber da hat das dumme Brüderchen vor Ungeduld den Stuhl umgeworfen und der Junge musste oben sitzen bleiben und das Brüderchen hat gebrüllt und gebrüllt.

Endlich ist die Mutter gekommen. Sie hat den Jungen vom Schrank geholt und dem Brüderchen den Schnuller in den Mund gesteckt. Da war es still. Und die Mutter und der Junge haben sich auf den Tisch gesetzt. Sonst war ja nirgendwo ein freier Platz im Zimmer. Sie haben Dauerlutscher geleckt und über die große Unordnung gelacht.

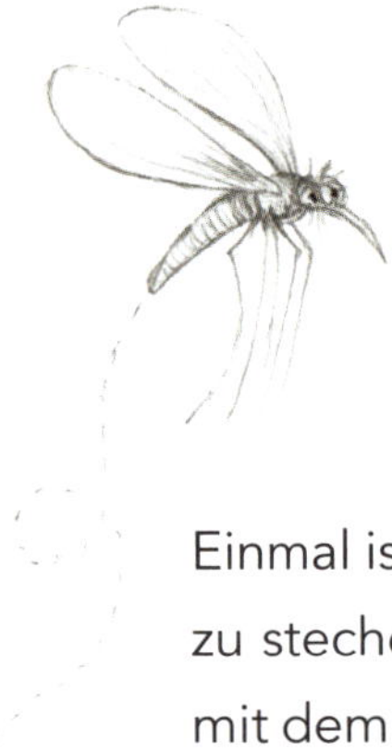

Die Geschichte von der Mücke

Einmal ist eine Mücke nachts durch den Wald gesummt und hat sich etwas zu stechen gesucht. Sie hat nur das Wiesel gefunden. Das hat die Mücke mit dem Schwanz verscheucht und ärgerlich gefaucht. Davon sind die Krähen aufgewacht. Sie haben gekrächzt und geschimpft und sind ein paar Bäume weiter geflogen. Dort haben sie das Häschen erschreckt, es ist vor Angst auf die Straße gerannt. Da kam gerade ein Auto. Der Mann hat gehupt und geblinkt. Darüber sind die Wildschweine im Kartoffelfeld wütend geworden. Sie haben gegrunzt und sind los gerannt und haben den Gartenzaun niedergetrampelt und im Möhrenbeet gewühlt.

Das Kind hat sie gehört. Es hat Licht gemacht und ist ans Fenster gelaufen. »Husch!«, hat das Kind gerufen und in die Hände geklatscht. Da sind die Wildschweine schnell aus dem Garten gerannt und das Häschen ist wieder zu seinem Nest gelaufen und die Krähen haben die Schnäbel unter die Flügel gesteckt und das Wiesel ist in den Bau geschlüpft. Nur die Mücke ist noch durch den Wald gesummt. Sie hat aber nichts mehr zu stechen gefunden.

Die Geschichte von der Bachstelze

Einmal ist eine Bachstelze über die Wiese gelaufen. Sie hat hier ein bisschen gepickt und da ein bisschen gepickt und mit dem Schwanz gewippt und gezwitschert.

Aber der Kater ist durchs Gras geschlichen. Gerade wollte er auf die Bachstelze losspringen, da ist sie aufgeflogen und der Kater ist auf seine Pfoten gefallen. Die Bachstelze hat sich auf einen Stein im Bach gesetzt und gezwitschert und mit dem Schwanz gewippt und ein Tröpfchen Wasser getrunken. Wieder ist der Kater herangeschlichen. Gerade wollte er wieder losspringen, da ist die Bachstelze aufgeflogen und der Kater ist ins Wasser geplumpst. Die Bachstelze hat sich auf einen Baum gesetzt und mit dem Schwanz gewippt und gezwitschert und zugesehen, wie der Kater niesen musste. Der wollte jetzt auf den Baum springen. Er hat sich schon geduckt und die Pfoten eingestemmt und die Krallen ausgestreckt. Da hat ihm die Bachstelze – plitsch! – ein Häufchen auf den Kopf gemacht. Der Kater hat geschrien und ist nach Hause gerannt und hat sich drei Stunden lang geputzt.

Und die Bachstelze ist wieder über die Wiese gelaufen und hat gepickt und mit dem Schwanz gewippt und gezwitschert.

Die Geschichte vom Reisekind

Einmal wollte eine große Familie verreisen: Mutter, Vater und vier Kinder. Sie haben auf dem Bahnsteig gestanden und alle waren sehr aufgeregt. Am aufgeregtesten war das kleinste Kind.

Der Zug ist gekommen und der Vater hat die Koffer genommen, die Mutter hat den Rucksack genommen und die großen Kinder haben den Korb mit den Butterbroten und das Netz mit den Apfelsinen und die Limonadenflasche und den Fotoapparat genommen. Das kleinste Kind sollte nur seinen Teddy tragen. Der Zug hat gehalten. Die Leute, die angekommen waren, sind ausgestiegen. Jetzt wollte die Familie einsteigen. Aber das kleinste Kind war nicht mehr da! Die großen Kinder sind losgerannt und haben es überall gesucht: an der Treppe und beim Zeitungsverkäufer und am Schokoladenautomaten und hinter dem Gepäckwagen und sogar unter der Bank. Nirgendwo war das kleinste Kind! Die Mutter hat alle Leute gefragt und der Vater hat sogar den Lokomotivführer gefragt. Keiner hatte das kleinste Kind gesehen!

Da hat auf einmal jemand im Zug an die Fensterscheibe geklopft und gerufen: »Warum kommt ihr denn nicht?« Das kleinste Kind war nämlich schon längst im Zug! Alle haben gelacht und sind schnell mit den vielen Sachen eingestiegen und der Zug konnte endlich abfahren.

Die Geschichte vom Springseil

Einmal haben die Kinder hinter dem Haus mit dem Ball gespielt. Da hat ein Mann das Fenster aufgemacht und geschimpft. Die Kinder sollten nicht so laut schreien. Sie sind mit den Rollern auf die Straße gegangen. Da hat der Mann wieder ein Fenster aufgemacht und geschimpft. Die Kinder sollten nicht klingeln und hupen. Sie sind mit dem langen Springseil in den Park gegangen. Jetzt wollte der Mann im Park spazieren gehen. Er hat wieder geschimpft. Die Kinder sollten nicht mit dem Springseil den Weg versperren.

Aber die Kinder haben den Mann gar nicht gehört, sie mussten doch auf das Seil achtgeben. Da wollte der Mann den Kindern das Seil abnehmen. Er hat danach gegriffen, aber das Seil war gerade hoch in der Luft. Es hat dem Mann den Hut vom Kopf geschlagen, und dann war es unten vor seinen Beinen, und der Mann musste springen. Das hat ihn furchtbar wütend gemacht. Er hat laut geschimpft und sich im Kreis gedreht. Da hat sich das Seil um seine Beine gewickelt, es hat sich um seinen Bauch und seine Arme gewickelt. Die Kinder und die anderen Leute im Park mussten lachen und lachen. Der Mann hat ausgesehen wie ein wütendes Paket!

Die Geschichte vom kleinen Seehund

Einmal wollte eine Seehundmutter ihren kleinen Seehund nicht im Wasser schwimmen lassen. Sie hatte Angst. Das Meer war doch so groß und der Seehund war so klein!

Aber alle anderen kleinen Seehunde konnten schon schwimmen. Sie haben sich von den Wellen schaukeln lassen und haben im Wasser gespielt. Nur der eine kleine Seehund musste immer ganz allein im Sand liegen und sich füttern lassen. Er hat sich gelangweilt und von all dem Fressen und Faulsein ist er so dick wie ein Fußball geworden. Da ist ein Wind gekommen und hohe Wellen sind auf den Strand geschlagen. Die Seehundmutter wollte ihren kleinen Seehund schnell auf den Sandberg bringen. Aber er war schon viel zu dick, er konnte kaum noch watscheln. Die Mutter musste ihn mit der Schnauze vor sich herschieben. Und als sie beide endlich oben waren, ist der kleine Seehund wieder hinuntergekugelt, weil er so rund war. Er ist vom Sandberg gerollt und ins Wasser geplatscht.

Zuerst war er sehr erschrocken. Er hat geprustet und gespuckt und geschnauft und gestrampelt. Und dann ist er losgeschwommen! Die Wellen haben ihn auf und ab geschaukelt und der kleine Seehund hat vor Vergnügen gequietscht. Die Seehundmutter wollte ihn sofort wieder zurückholen. Aber sie konnte ihn nicht mehr finden. Im Gesicht hat er doch genauso ausgesehen wie alle anderen kleinen Seehunde und seinen dicken Bauch konnte man im Wasser nicht erkennen.

Die Geschichte vom Huhn und dem Auto

Einmal waren drei Hühner auf der Straße, die haben da so herumgescharrt und gepickt und gegackelt und an gar nichts gedacht. Da ist ein Auto gekommen. Das eine Huhn ist zum Straßengraben gerannt und das andere ist über den Zaun geflattert.

Das dritte Huhn hat nicht gewusst, was es tun sollte. Erst ist es ein Stück am Zaun hochgeflattert, dann ist es quer über die Straße zum Graben gerannt. Da hat der Mann im Auto gehupt und das Huhn ist erschrocken und hat sich umgedreht und ist wieder zum Zaun gerannt und wieder zum Graben und wieder zum Zaun, immer hin und her. Der Mann im Auto hat gehupt und gehupt. Da ist das Huhn vor Angst mitten auf der Straße weitergerannt, immer geradeaus und das Auto ist hinter ihm hergefahren und der Mann hat gehupt und gehupt, immer lauter. Da hat sich das Huhn umgedreht und ist dem Auto entgegengelaufen. Aber wie es das gemerkt hat, ist es so erschrocken, dass es sich hinsetzen musste. Es hat den Kopf eingezogen und die Augen zugemacht. Der Mann hat das Auto ange-halten und das Huhn ist aufgestanden und ganz gemütlich in den Hof zu den anderen Hühnern spaziert. Es hat den Kopf gereckt und große, stolze Schritte gemacht. »Gook! Gook!«, hat es gerufen. Das sollte heißen: »Da, seht mich an! Ich habe das Auto angehalten! Ich!«

Die Geschichte vom Papagei

Einmal waren im Zoo fünf Papageien in einem Käfig: ein grüner mit einem roten Halsband, ein blauer mit gelben Flügeln, ein ganz blauer, ein ganz roter und ein bunter. Sie waren alle sehr schön, aber der bunte wollte der schönste sein. Die Leute sollten nur ihn ansehen, nur mit ihm sollten sie reden. Darum hat er sich immer ganz nah ans Gitter gesetzt und er hat so laut geschrien und so schnell geschwätzt, dass niemand ihn richtig verstehen konnte.

Er hat gerufen: »Bin doch so fein, doch so bunt!« Aber die Leute haben verstanden: »Bin doof, ein Ochsenhund!« Alle haben gelacht. Da war der Papagei stolz. Er hat sich um sich selbst gedreht und mit den Flügeln geschlagen. Die Leute sollten ihn von allen Seiten sehen. Und dabei hat er gerufen: »Rundum bin ich so, rundum!« Aber die Leute haben verstanden: »Und dumm bin ich, so dumm!« Alle haben noch mehr gelacht, aber der bunte Papagei hat gar nicht gemerkt, dass sie ihn ausgelacht haben. Er hat immer weitergeschrien.

ARA

Die Geschichte von den Nilpferden

Einmal haben drei Nilpferde im Fluss gelegen und sich gelangweilt. Da ist ein Mann gekommen, der wollte die Nilpferde fotografieren.

Die drei haben ihm zugesehen, wie er sich den Fotoapparat vor die Augen gehalten hat. Der Mann hat geknipst – aber da war kein Nilpferd mehr zu sehen. Sie waren untergetaucht und der Mann hatte nur das Wasser fotografiert. Er hat gewartet. Endlich sind die Nilpferde wieder aufgetaucht. Aber sie waren jetzt viel weiter unten am Fluss. Der Mann ist schnell dorthin gelaufen. Die Nilpferde haben im Wasser gelegen und mit den Ohren gewedelt und zugesehen, wie der Mann gerannt ist. Dann hat er wieder geknipst – aber da war kein Nilpferd mehr zu sehen. Der Mann hatte wieder nur das Wasser fotografiert. Er hat sich auf einen Stein gesetzt und gewartet. Endlich sind die Nilpferde wieder aufgetaucht. Aber diesmal waren sie viel weiter oben am Fluss. Der Mann ist gleich wieder losgerannt. Die Nilpferde haben im Wasser gelegen und mit ihren dünnen Schwänzen gewinkt und zugesehen, wie der Mann geschwitzt und gejapst hat. Dann hat der Mann wieder geknipst – aber da war kein Nilpferd mehr zu sehen. Er hatte wieder nur das Wasser fotografiert.

So ist es immer weitergegangen. Die Nilpferde haben den Mann hin und her rennen lassen, aber am Abend hatte er nur zwanzigmal das Wasser fotografiert. Und die Nilpferde waren vergnügt, weil sie sich den ganzen Nachmittag nicht mehr gelangweilt hatten.

Die Geschichte von der Frau, die immer an etwas anderes gedacht hat

Einmal wollte eine Frau Wäsche waschen und Kartoffeln kochen und die Küche putzen. Sie hat aber an etwas anderes gedacht und hat den Eimer mit dem Putzwasser auf den Herd gestellt und die Kartoffeln in die Waschmaschine geworfen und das Waschpulver hat sie auf den Fußboden gestreut. Dann hat sie gemerkt, dass alles falsch war. Sie hat schnell den Eimer vom Herd genommen und die Kartoffeln aus der Waschmaschine geholt und das Waschpulver aufgefegt. Jetzt wollte sie alles richtig machen.

Aber sie hat wieder an etwas anderes gedacht! Sie hat das Putzwasser in die Waschmaschine geschüttet und das Waschpulver hat sie in den Kochtopf getan und die Kartoffeln hat sie in den Putzeimer geworfen. Als sie anfangen wollte zu putzen, sind überall die Kartoffeln umhergekollert und als die Frau gerade die Kartoffeln wieder aufgesammelt hatte, ist das Seifenwasser im Kochtopf übergekocht und die ganze Küche war voll Waschbrühe. Die Frau hat gelacht und gerufen: »Jetzt ist die Küche wenigstens sauber!« Und dann hat sie wirklich alles richtig gemacht.

Die Geschichte vom gierigen Vogel

Einmal war ein Vogel so gierig, dass er nicht sehen konnte, wenn die anderen Vögel etwas zu picken hatten. Immer hat er sie weggejagt von den guten Beeren am Strauch. Alles wollte er für sich allein haben.

Einmal ist er an einem offenen Fenster vorbeigeflogen und im Zimmer hat eine Sahnetorte auf dem Tisch gestanden. Sofort ist der Vogel auf den Tisch gehüpft. Er hat den Schnabel aufgerissen, so weit er konnte, er hat ihn in die Torte gestoßen, so fest er konnte – und schon hat er mit dem Kopf tief in der Sahne gesteckt. Er konnte nichts mehr sehen. Die Sahne hat ihm die Augen verklebt, sie hat wie eine große Mütze auf seinem Kopf gesessen mit der Tortenkirsche in der Mitte.

Der Vogel ist hochgeflattert, er wollte sich mitten auf die Torte setzen. Aber er konnte ja nichts mehr sehen und so ist er in den Milchtopf gefallen. Da hat er nun in der Milch gesessen wie in einer Badewanne! Und er konnte nicht wieder heraus, der Topf war zu eng.

Aber dann ist die Frau ins Zimmer gekommen. Sie hat den Vogel einfach mit der Milch aus dem Fenster geschüttet. Unten auf der Straße mussten ihm die anderen Vögel die Sahne vom Kopf picken, damit er wieder etwas sehen konnte. Das hat den anderen Vögeln gut geschmeckt. Aber der gierige Vogel hat sich geärgert, weil er ihnen doch eigentlich nichts von der guten Torte abgeben wollte.

Die Geschichte vom Schwein, das Rosa heißen wollte

Einmal hat ein Schwein sich immer geärgert, wenn die Leute »Schwein« zu ihm gesagt haben. Es wollte lieber Rosa heißen. Darum hat es sich nie mehr schmutzig gemacht.

Die anderen Schweine haben das Futter aus dem Trog gefressen und sie haben dabei gegrunzt und geschmatzt, weil es ihnen so gut geschmeckt hat. Aber das Schwein, das Rosa heißen wollte, hat nur einen trockenen Strohhalm gekaut. Die anderen Schweine haben aus den Pfützen im Hof gesoffen. Aber das Schwein, das Rosa heißen wollte, hat nur die sauberen Tropfen vom Wasserkran abgeleckt. Die anderen Schweine haben sich im Schlamm gewälzt und vor Vergnügen gequiekt. Aber das Schwein, das Rosa heißen wollte, hat daneben gestanden und sich die Füße am Gras abgeputzt.

Es war jetzt immer sehr schön sauber, aber es ist immer dünner und dünner geworden. Es hatte keinen hübschen runden Bauch mehr und keine Speckfalten im Nacken und sein Ringelschwanz hing traurig herunter. Da hat der Bauer gesagt: »Du bist krank, du armes Schwein!« Und er hat ihm bittere Medizin ins Maul geschüttet. Da hat das Schwein gedacht: »Wenn Saubersein so schrecklich bitter schmeckt, dann will ich lieber doch nicht Rosa heißen.« Es hat die Medizin wieder ausgespuckt und ist zum Trog gerannt und hat sich satt gefressen. Dann hat es eine riesige Pfütze leer gesoffen und sich im Schlamm gewälzt, bis es überall dreckig war. Und dabei hat es wie die anderen Schweine vor Vergnügen gequiekt.

MEDIZIN

Die Geschichte vom grünen Fahrrad

Einmal wollte ein Mädchen sein Fahrrad anstreichen. Es hat grüne Farbe dafür geholt: Grün hat dem Mädchen gut gefallen.

Aber der große Bruder hat gesagt: »So ein grasgrünes Fahrrad habe ich noch nie gesehen. Du musst es rot anstreichen, dann wird es schön.« Rot hat auch dem Mädchen gut gefallen. Also hat es rote Farbe geholt und das Fahrrad rot gestrichen. Aber ein anderes Mädchen hat gesagt: »Nur kleine Kinder haben rote Fahrräder! Warum streichst du es nicht blau an?« Das Mädchen hat sich das überlegt und dann hat es sein Fahrrad blau gestrichen. Aber der Nachbarsjunge hat gesagt: »Blau? Das ist doch so dunkel. Gelb ist viel lustiger!« Und sofort hat auch das Mädchen gelb viel lustiger gefunden und gelbe Farbe geholt. Aber eine Frau aus dem Haus hat gesagt: »Das ist ein scheußliches Gelb! Nimm himmelblaue Farbe, das finde ich schön.« Und das Mädchen hat sein Fahrrad himmelblau gestrichen.

Aber dann ist der große Bruder wieder gekommen. Er hat gerufen: »Du wolltest es doch rot anstreichen! Himmelblau, das ist eine blöde Farbe. Rot musst du nehmen, Rot!« Da hat das Mädchen gelacht und wieder den grünen Farbtopf geholt und das Fahrrad grün angestrichen, grasgrün. Und es war ihm ganz egal, was die anderen gesagt haben.

schön." Rot hat auch dem Mädchen
Aber ein anderes Mädchen hat gesagt: „Nur
Das Mädchen hat sich das überlegt
gesagt. „Blau? Das ist doch so dunkel.
gelbe Farbe
Haus hat gesagt:
Nimm himme
Und das Mädchen
FAHRRAD
FARBE DAFÜR
MÄDCHEN GUT GEFALLE
DER GROSSE BRUDE
EIN GRASGRÜNES FAHR
EHEN. DU MUSS
geholt und das
Warum

Die Geschichte vom Nashorn und dem Hasen

Einmal waren ein Nashorn und ein Hase auf einer Wiese. Das Nashorn hat Blätter vom Strauch gefressen und der Hase hat an einem Grasbüschel geknabbert. Auf einmal wollte auch das Nashorn Gras fressen, es wollte gerade dieses eine Grasbüschel haben, nur weil der Hase daran geknabbert hat. Sofort hat es geschnaubt und gebrüllt und einen großen Anlauf genommen und dann ist es losgerannt. Es wollte den Hasen auf sein Nasenhorn spießen.

Der Hase hat gar nicht gewusst, weshalb das Nashorn plötzlich so wütend war. Er ist ein Stückchen zur Seite gehoppelt und hat sich geduckt und die Ohren angelegt. Da ist das Nashorn an ihm vorbeigerannt und hat sein Nasenhorn in die Erde gebohrt. Die Steine und das Gras sind durch die Luft gewirbelt und dem Nashorn auf den Kopf und den Rücken gefallen. Davon ist es erst recht wild geworden. Es hat immer toller und immer wütender in der Erde gewühlt und immer mehr Steine sind ihm auf den Kopf gefallen. Davon hat es Angst bekommen und ist weggerannt, so schnell, dass man nur noch eine Staubwolke sehen konnte.

Der Hase hat ihm nachgesehen und den Kopf geschüttelt und die Ohren wieder aufgestellt. Dann hat er sich ein anderes Grasbüschel gesucht und gemütlich weitergefressen.

Die Geschichte vom schlauen Esel

Einmal hatte ein Mann sein Haus hoch oben auf dem Berg. Dorthin konnte kein Auto fahren. Darum hat der Mann sich einen Esel gekauft. Er hat ihm zwei Körbe über den Rücken gehängt und seinen Geldbeutel eingesteckt und so wollte er einkaufen gehen.

Der Weg führte über eine Brücke und der Esel wollte gern das frische Gras am Bachufer fressen. Aber der Mann wollte nicht stehen bleiben. Da hat der Esel mit seinen langen Zähnen heimlich dem Mann den Geldbeutel aus der Tasche gezogen und auf die Straße geworfen. Viele Geldstücke sind in den Bach gerollt. Jetzt hat der Esel laut »I-A!« geschrien und der Mann hat sich umgesehen. »Ach«, hat er gerufen, »ich habe ja mein Geld verloren!« Er ist schnell zum Bach hinuntergeklettert und hat sein Geld aus dem Bach gefischt. In der Zeit konnte der Esel sich schön satt fressen an dem frischen Gras.

Dann sind sie weitergegangen. Der Mann hat zum Esel gesagt: »Du bist brav! Gut, dass du geschrien hast. Ohne Geld kann ich doch nicht einkaufen gehen. Du bist wirklich schlau!«

Und der Esel hat mit dem Kopf genickt und mit seinen langen Zähnen gelacht und »I-A! I-A!« geschrien.

Die Geschichte vom Hamster

Einmal hat ein Hamster ein Feld mit vielen guten Körnern gefunden. Er hat sich die Backentaschen vollgestopft und ist zu seinem Bau gelaufen und hat die Körner in seiner Vorratskammer ausgespuckt. So ist er zehnmal hin- und hergelaufen, dann war die Vorratskammer voll und der Hamster war müde. Aber er hat gedacht: »Eine Vorratskammer voll Körner ist gut, aber zwei sind besser.« Schnell hat er eine neue Vorratskammer gegraben und ist wieder hin- und hergelaufen und hat Körner und Körner herangeschleppt. Dann war auch die andere Vorratskammer voll und der Hamster war so müde, dass er kaum noch laufen konnte. Aber er hat gedacht: »Zwei Vorratskammern voll Körner sind sehr gut, aber drei sind bestimmt noch besser!« Er hat also wieder eine Vorratskammer gegraben und noch mehr und noch mehr Körner geholt. Als dann die dritte Vorratskammer voll war, haben immer noch viele Körner auf dem Feld gelegen. Der Hamster wollte sie alle haben. Aber jetzt konnte er nicht mehr graben, er war zu müde. Er hat die letzten Körner einfach in seine Schlafkammer getragen.

Dann kam der Winter und alle Hamster sind in ihren Bau gekrochen und haben geschlafen. Nur der eine Hamster konnte nicht schlafen. Bis zum Hals hat er in seinen Körnern gesessen!

Die Geschichte vom kleinen Hund mit dem Knochen

Einmal hat ein kleiner Hund einen Knochen gefunden. Gleich ist ein großer Hund gekommen. Der hat geknurrt und die Zähne gefletscht und böse Augen gemacht und er hat dem kleinen Hund den Knochen abgenommen. Jetzt wollte der große Hund den Knochen fressen.

Aber schon ist ein anderer großer Hund gekommen, auch der wollte den Knochen haben. Die beiden großen Hunde haben sich angeknurrt und haben die Zähne gefletscht und böse Augen gemacht. Sie sind immer im Kreis um den Knochen herumgelaufen und einer hat nach dem andern geschnappt.

Da ist der kleine Hund zwischen den beiden großen Hunden hindurchgeschlüpft und hat sich den Knochen geholt und ist schnell damit weggerannt. Die beiden großen Hunde haben gar nichts davon gemerkt. Sie sind immer weiter im Kreis herumgerannt und haben geknurrt und die Zähne gefletscht und böse Augen gemacht. Aber da war ja gar kein Knochen mehr! Den hatte der kleine Hund längst weggeschleppt.

Die Geschichte vom Gähnen

Einmal hat ein Mädchen das Schwesterchen im Kinderwagen spazieren gefahren. Das Schwesterchen war müde, es hat gegähnt. Da musste das Mädchen auch gähnen.

Die Frau vom Hutladen hat das gesehen und gleich hat sie mitgegähnt und die Leute an der Haltestelle und der Zeitungsmann, alle mussten gähnen. Gerade ist die Straßenbahn gekommen und der Schaffner hat die vielen offenen Münder gesehen. Da musste er gähnen und gähnen und konnte nicht weiterfahren. Der Mann im Lastwagen wollte wissen, warum die Straßenbahn so lange stehen geblieben ist. Er hat sich aus dem Fenster gebeugt und sofort musste er gähnen. Das haben die anderen Autofahrer gesehen. Sie haben gleich die Autos angehalten und gegähnt. Der Polizist wollte auf seiner Pfeife trillern. Alle sollten endlich weiterfahren. Aber er konnte nicht in die Pfeife blasen, er musste doch gähnen.

Bald haben alle Leute und auch alle Hunde und Katzen in der Stadt gegähnt, auch der Schornsteinfeger auf dem Dach und sogar die Regenwürmer in der Erde. Da war es aber schon Abend und alle sind früh schlafen gegangen.

Neunundzwanzig verrückte Geschichten

Inhalt

Die Geschichte vom Bleistiftspitzen

Eine Frau wollte ein dickes kluges Buch schreiben. Sie kaufte sich einen Stapel Papier, fünfzig neue Bleistifte und einen scharfen Bleistiftspitzer.

Ihr Mann und ihre Kinder sollten von heute an nur noch flüstern und auf den Zehen gehen, denn die Frau wollte sofort mit dem Schreiben anfangen.

Sie legte das Papier zurecht und spitzte einen Bleistift.

Dabei dachte sie über den ersten Satz nach.

Sie spitzte noch einen Bleistift und dachte weiter über den ersten Satz nach.

Sie spitzte den dritten Bleistift und dachte immer noch über den ersten Satz nach.

Die Frau spitzte die fünfzig Bleistifte zu winzigen Stummeln, und sie spitzte noch sechstausendfünfhundertundzwölf Bleistifte kurz und klein. Dazu brauchte sie drei Wochen. Den ersten Satz hatte sie noch nicht geschrieben, aber sie war jetzt Weltmeisterin im Bleistiftspitzen. Es stand in der Zeitung.

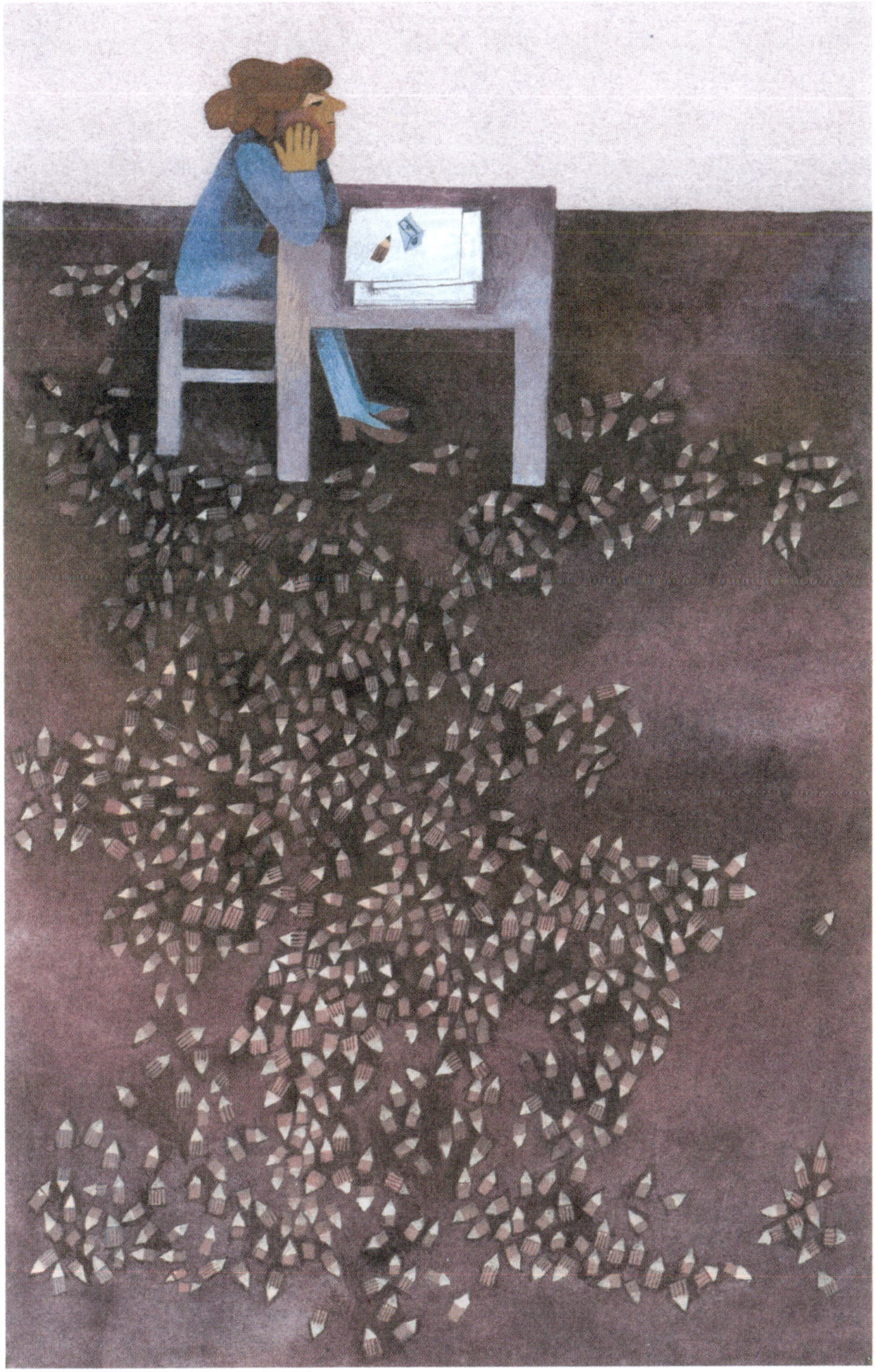

Die Geschichte von der Rechthaber-Familie

Eine Rechthaber-Familie ging im Park spazieren. Es war Winter, und plötzlich kam ein Schneesturm. Der Vater sagte: »Rechts ist der kürzeste Weg zum Tor.«

»Unsinn!«, sagte die Mutter. »Links müssen wir gehen.«

»Ihr seid verrückt!«, rief die Tochter. »Hinter uns ist das Tor! Zurück müssen wir gehen, zurück!«

Sie blieben stehen und schrien sich an. Keiner gab nach. Es wurde dunkel, der Schneeturm tobte und es wurde immer kälter. Die drei stritten weiter und merkten nicht, wie ihre Füße auf dem Weg festfroren.

Ein Parkwächter wollte das Tor abschließen. Da sah er drei Schneemänner vor sich auf dem Weg, und er hörte sie rufen: »Rechts, rechts!« – »Nein links!« – »Zurück!« Grausig hohl und dumpf klang das aus dem Schnee. Der Parkwächter erschrak so sehr, dass er nach Hause rannte und das Tor offen ließ. Drei Schnäpse musste er trinken, bis er sich etwas beruhigt hatte.

Am Morgen waren die drei Rechthaber steif gefroren. Nun sahen sie, wo das Tor war: vor ihnen. Sie freuten sich, weil keiner recht gehabt hatte. Aber sagen konnten sie es nicht mehr. Sie konnten nur noch mit den Augen rollen. Als der Parkwächter wiederkam und die Schneemänner mit den Augen rollen sah, musste er noch einmal drei Schnäpse trinken. Dann holte er die Feuerwehr und mit den Schallwellen der Feuerwehrsirene wurde die Familie aufgetaut.

Die Geschichte von der Wartemaschine

Ein Junge hatte keine Lust mehr, immer auf etwas zu warten. Deshalb baute er sich eine Wartemaschine. Von außen sah sie wie eine runde Tabaksdose aus. Der Junge verklebte den Deckel mit einem Pflasterstreifen. Niemand wusste, wie die Wartemaschine von innen aussah.

Nun gab es für diesen Jungen keine langweiligen Schulstunden mehr. Er steckte die Wartemaschine in die Hosentasche, und sie wartete für ihn auf die Pausenklingel. An der Bushaltestelle legte er sie in den Papierkorb am Fahrplanautomat. Dann sah er sich in aller Ruhe die Schaufenster und die Kinobilder an. Seine Wartemaschine wartete ja für ihn auf den Bus. Sogar auf den Geburtstag, auf Ostern und Weihnachten wartete sie für den Jungen. Er war jetzt nie mehr ungeduldig.

Schließlich nahm er die Wartemaschine auch zum Fußballspielen mit. Er war nämlich Torwart. Warum sollte er immer auf den Ball warten? Er legte die Wartemaschine hinten vor das Netz und lehnte sich gemütlich an einen Torpfosten. Aber natürlich konnte die Wartemaschine keinen Ball aufhalten. Daran hatte der Junge nicht gedacht. Seine Mannschaft verlor das Spiel siebzehn zu eins.

Jetzt wollte er keine Wartemaschine mehr haben. Vor Wut kickte er sie über den Zaun. Ein Lastwagen fuhr sie platt. Darum weiß bis heute niemand, wie Wartemaschinen gebaut werden. Der Junge verriet das nie.

Die Geschichte vom Vater, der die Wand hochging

Ein Vater ärgerte sich oft über seinen Jungen, weil der ihm zu ängstlich war.

Der Junge hatte nämlich Angst vor fremden großen Hunden, er hatte Angst vor den beiden frechen Mädchen von nebenan, und er hatte Angst, wenn abends das Licht im Treppenhaus nicht brannte.

»Und dieser Angshase will mein Sohn sein!«, rief der Vater. »Ich könnte die Wände raufgehen!«

Das tat er dann. Er ging vor Wut die Wand hoch. Als er aber an die Zimmerdecke kam, fiel er vor Schreck wieder herunter.

Da oben saß nämlich eine Spinne.

Die Geschichte von der Superhausfrau

Eine Frau wollte die beste Hausfrau der Welt sein. Sie putzte jeden Tag die ganze Wohnung und schrubbte die Straße mit Seifenlauge und rieb das Parkverbotsschild mit Möbelpolitur blank und wischte den Mast mit Spiritus ab. Danach mochte kein Hund mehr an diesen Mast pinkeln.

Oft war die Frau schon nachmittags mit aller Arbeit fertig. Dann saß sie traurig in ihrer frisch geputzten Küche. Als Superhausfrau musste sie doch eigentlich bis in die Nacht hinein schuften – und ·sie wusste kaum, was sie am nächsten Tag tun sollte, weil alles immer sauberer wurde.

Da kam ihr die Dreck-Spar-Idee: Sie sammelte allen Staub aus der Wohnung und allen Straßenschmutz in einer alten Keksdose, und als die anderen Leute im Haus schliefen, stahl sie ihnen den Sand aus den Fußmatten.

Diese Mischung aus der Dreck-Spardose verteilte sie dann in ihrer Wohnung. Damit hatte sie bis zum Schlafengehen zu tun, und am nächsten Tag hatte sie genug sauber zu machen. Natürlich sammelte sie dabei allen Dreck wieder ein und streute ihn abends wieder aus und putzte ihn am Tag darauf wieder weg – und immer so weiter.

Jeden Tag kam etwas neuer Schmutz hinzu, jeden Abend war etwas mehr in der Dreck-Spardose, und die Frau hatte immer mehr zu tun. Das machte sie glücklich.

Die Geschichte vom lustigen Mädchen

Ein Mädchen wollte nicht immer tun, was alle tun. Das fand es langweilig. Darum ging es nur noch rückwärts durch die Tür. Dabei überrannte es einmal den Großvater, und das tat dem Mädchen leid. Es gewöhnte sich das Rückwärtsgehen wieder ab.

Aber wenn jetzt jemand »Guten Morgen« sagte, antwortete das Mädchen: »Gute Besserung!« und wenn ihm jemand »Guten Appetit!« wünschte, sagte es: »Glückliche Reise!« und wenn jemand niessen musste, rief es: »Herzlich willkommen!« und wenn es aus Versehen einem auf den Fuß trat, sagte es zur Entschuldigung: »Fröhliche Ostern!« Darüber ärgerten sich manche Leute und das Mädchen gewöhnte sich auch dies wieder ab.

Von nun an setzte es sich beim Essen auf den Tisch und stellte den Teller auf den Stuhl. Bei einem großen Familienfest regten die Tanten und Onkel sich sehr darüber auf. Aber wem schadete das denn? Das Mädchen kümmerte sich nicht um die Tanten und Onkel.

Es aß jetzt immer so und fand das sogar bequem.

Die Geschichte vom Gewichtheber im Urlaub

Ein Gewichtheber fuhr im Urlaub ans Meer. Aber er langweilte sich sehr. Hier gab es nirgendwo einen anderen Gewichtheber. Wem sollte er jetzt zeigen, dass er stärker war als alle anderen Gewichtheber?

Im Vorbeigehen stemmte er ein paar Strandkörbe mit den Leuten darin. Aber die beschwerten sich beim Strandwächter.

Ärgerlich sprang der Gewichtheber ins Meer und stemmte ein Motorboot. Er hatte Pech. Das Boot gehörte der Hafenpolizei, und der starke Mann musste eine Strafe bezahlen.

Da stemmte er vor Wut eine Andenkenbude, einen Reisebus und die ganze Kurkapelle mitsamt dem Klavier. Natürlich wurde ihm die ganze Stemmerei polizeilich verboten. Er kochte jetzt vor Wut und schrie: »Dann stemme ich mich eben selbst! Das kann mir keiner verbieten!«

Er legte sich die Hände unter die Füße und holte tief Luft. Seine Muskeln schwollen gewaltig, und die Adern an seinem Hals wurden dick wie Schiffstaue. Dann stemmte er sich zwei Meter hoch und hielt sich eine Minute und dreiundvierzig Sekunden oben.

»Bravo!«, riefen die Leute und klatschten. Auch die Männer von der Hafenpolizei und der Strandwächter waren begeistert, und die Kurkapelle spielte einen Tusch.

Die Geschichte von der kleinen Frau und dem großen Mann

Ein Mann und eine Frau wollten heiraten. Sie suchten sich eine Wohnung und bestellten zwei Möbelwagen. Für neue Möbel wollten sie kein Geld ausgeben.

Die Frau war klein und dünn, aber sie mochte am liebsten große, klobige Möbel. Der Mann war groß und dick, aber er mochte am liebsten kleine, zierliche Möbel.

»Habe ich nicht eine hübsche Kommode?«, fragte der Mann.

»Ach so, du meinst das Nähkästchen«, sagte die Frau. »Gerade bin ich darüber gestolpert. Aber wie gefällt dir mein neues Radio?«

»Ich dachte, das wäre deine Waschmaschine«, sagte der Mann.

Er wollte ein Bild aufhängen. Probeweise schlug er den Nagel in eine Wand.

»Halt, halt!«, rief die Frau. »Hier sitze ich doch! Das ist die Rückseite von meinem Sessel!«

Der Mann musste lange suchen, bis er sie zwischen dem Polster und den großen Kissen fand.

Die Geschichte vom Schaumbad

Ein Mann sah jeden Abend das Werbefernsehen, und dann kaufte er alles, wofür da Reklame gemacht wurde. Einmal zeigte ein wunderschönes Mädchen seinen neuen Badeschaum, durch den sollte jeder gesund und glücklich werden. Sofort kaufte der Mann drei große Flaschen von diesem Schaumbad.

Er wollte sofort gesund und glücklich sein, darum schüttete er sich gleich eine ganze Flasche in die Badewanne. Er plätscherte ein bisschen, und schon gab es einen weißen Schaum. Er plätscherte weiter, und der Schaum stieg immer höher. Plötzlich saß der Mann bis zur Nase wie in steifem Eierschnee. Er schnappte nach Luft und schlug um sich. Dicke Schaumflocken stoben hoch, und dann ging es erst richtig los: Der Schaum plusterte sich auf und schäumte bis zur Zimmerdecke. Der Mann fühlte sich kein bisschen gesund und glücklich. Er sah nur noch Weißes, er hatte die Nase und die Ohren voll Schaum, er strampelte und boxte und schrie: »Aufhören, aufhören!« Dabei verschluckte er sich auch noch an dem Zeug.

Seine Frau und die Kinder rissen erschrocken die Tür auf. Eine dicke weiße Schaumwolke quoll aus dem Badezimmer und oben in der Wolke hing der Mann und ruderte mit Armen und Beinen und japste und hustete und fühlte sich überhaupt nicht gesund und glücklich. Er wollte ein ganzes Jahr nicht mehr baden.

Die Geschichte vom Lutscher, der in die Brennnesseln fiel

Ein Mädchen kaufte sich einen Lutscher, einen von den kleinen mit Karamellgeschmack. Die großen bunt gestreiften und die mit Mustern und Blümchen waren dem Mädchen zu teuer.

Es ging nach Hause und leckte unterwegs schon am Lutscher, aber nur vorsichtig, denn es wollte lange etwas zu lecken haben.

Da stolperte das Mädchen, und der Lutscher fiel in die Brennnesseln.

Das Mädchen bog die Nesseln mit einem Stock auseinander. Und da sah es: Der Lutscher war jetzt dreimal so groß wie die bunt gestreiften, viermal so groß, fünfmal so groß, und dick wie ein Fußball war er angeschwollen, so sehr hatten die Brennnesseln ihn verstochen!

Das Mädchen freute sich. Es fing sofort wieder an zu lecken. Die Brennnesselstiche sollten den Lutscher nicht zu sehr jucken.

Die Geschichte von der Frau, die sich für alles einen Plan machte

Eine Frau machte sich für alles einen Plan. Den schrieb sie auf einen Zettel und dann musste alles genau nach diesem Plan geschehen.

Am Sonntagnachmittag sollten Gäste kommen. Die Frau schrieb auf einen Zettel: »1. Tisch decken, 2. Sonntagskleid anziehen, 3. Torte verzieren 4. dem Kind die Flasche geben, 5. den Hund ins Badezimmer sperren, 6. die Gäste von der Straßenbahn abholen.«

Sie deckte also zuerst den Tisch, und dann wollte sie sich umziehen. Als sie damit gerade angefangen hatte, kamen die Gäste schon. Das brachte die Frau ganz durcheinander, weil das ja so nicht in ihrem Plan stand.

Sie zog erst das Sonntagskleid an und darüber den Büstenhalter. Sie gab dem Kind die Tortenspritze und steckte dem Hund die Babyflasche ins Maul. Dann sperrte sie die Gäste ins Badezimmer und ging zur Straßenbahnhaltestelle.

Die Geschichte vom Gelb und Gelb

Eine Frau fand die Farbe Gelb so schön, dass in ihrer Wohnung alle Möbel gelb sein mussten. Ihr Mann und ihre Kinder durften nur gelbe Kleider tragen, und zum Mittagessen gab es bei ihr fast jeden Tag Rühreier oder Gelberüben, Kürbiskompott oder Gelbwurst.

Jahrelang sparte die Frau, bis sie mit ihrer Familie eine Reise in die Wüste machen konnte.

»Ach, wie herrlich gelb ist hier alles!«, rief sie.

»Ja«, sagten der Mann und die Kinder. »Hier ist es fast noch gelber als zu Hause. Aber wo bist du eigentlich?«

»Hier bin ich«, sagte die Frau. »Und wo seid ihr?«

Denn bei all dem Gelb und Gelb sah keiner den anderen. Die Kinder fanden das gut. Sie konnten im Gelben Verstecken spielen. Dabei ging aber der ältere Junge für eine halbe Stunde im Gelb verloren und ein Dromedar wär beinahe über das Mädchen gestolpert.

So etwas sollte nicht wieder vorkommen. Deshalb gingen sie alle jetzt im Gänsemarsch dicht hintereinanderher. Die Sonne stand auch nicht mehr so hoch und sie sahen ihre Schatten im Sand. Nach einiger Zeit waren dann auch die Gesichter zu erkennen, weil alle Sonnenbrand bekamen.

Die Geschichte von der eingepflanzten Frau

Eine Frau fand sich so schön und zart wie eine Blume. Jeden Tag musste ihr Mann ihr das sagen und nie durfte er fluchen oder unanständige Witze erzählen, oder rülpsen, wenn die Frau dabei war. Er sollte sie immer nur bewundern und pflegen und vorsichtig mit ihr umgehen wie mit einer schönen zarten Blume.

Darum pflanzte der Mann seine Frau eines Tages in einen großen Blumentopf.

Die Geschichte vom Pferdestandbild

Ein Mann sah im Park ein riesiges Pferd aus Stein. Solch ein Pferdestandbild wollte er für seinen Garten haben. Also bestellte er im Steinbruch einen gewaltigen Felsbrocken und kaufte eine Leiter und Hammer und Meißel.

Erst schlug der Mann den Pferdehintern aus dem Stein, weil ihm das nicht so schwierig vorkam. Aber er vergaß den Schweif, und dafür war nun hinter dem Hintern kein Stein mehr.

Also meißelte er den Schweif aus dem fertigen Hinterteil und machte dem Pferd davor einen neuen Hintern.

Dann fing er mit Kopf und Hals an. Doch als er die Mähne endlich fertig hatte, gab es zwischen Hals und Hintern nicht mehr genug Stein für den Bauch.

Der Mann schlug aus dem Mittelstück einen kleinen Bauch und machte auch Hals, Kopf, Hintern und Schweif etwas kleiner. Nun sollte das Pferd Beine bekommen. Der Mann war schon etwa nervös. Er schlug zu fest auf den Meißel und dem steinernen Pferd brach das linke Vorderbein ab.

Also musste der Mann auch die drei anderen Beine weghauen. Aus dem kleinen Pferdebauch schlug er vier neue Beinchen und dazu passend einen noch kleineren Bauch mit Hintern, Schweif und Hals. Leider war der Stein jetzt aber vorn zu kurz für den Kopf.

Immerhin: Am Ende hatte der Mann ein steinernes Pferd im Garten. Das passte gerade unter die Stiefmütterchen.

Die Geschichte vom verlorenen Husten

Ein Mädchen hatte Husten. Nach vier Tagen war er plötzlich weg, und das Mädchen wusste nicht, wo er war. Es suchte ihn überall: zwischen den Spielsachen, unterm Bett und im Schrank.

»Hast du vielleicht meinen Husten?«, fragte das Mädchen seine Freundin.

Die Freundin war ein bisschen beleidigt. »Ich stehle doch keinen Husten!«, sagte sie. »Ich habe meinen eigenen schon seit zwei Wochen. Deiner war erst vier Tage alt. Außerdem habe ich einen schweren Bellhusten, und du hattest nur einen leichten Pfeifhusten.«

»Sei mir nicht böse«, sagte das Mädchen. »Vielleicht habe ich ihn heute Morgen auf der Brücke verloren. Es war so windig. Kommst du mit? Dann suchen wir ihn.«

Im Nebel hätten sie den Husten beinahe nicht gefunden. Er pfiff nur ganz leise ums Brückengeländer.

Endlich hatte das Mädchen seinen Husten wieder. Er war sogar stärker geworden, das fand auch die Freundin. Sie konnten sich jetzt gegenseitig umhusten. Aber das verbot ihnen ein Radfahrer. Auf der Brücke war das zu gefährlich, und der Mann wollte auch nicht vom Rad gehustet werden.

Die Geschichte von der fetten Katze

Eine Frau hatte eine Katze. Erst war das ein niedliches Kätzchen, ein Spielkätzchen mit einem schwarzen Flecken auf der Nase. Die Frau war ganz verliebt in das Tier. Sie ließ es nachts in ihrem Bett schlafen, sie bürstete ihm jeden Morgen das Fell mit Haarwasser und band ihm rosa Schleifen um den Hals. Sie fütterte das Kätzchen mit Hackfleisch und Leber, mit gekochten weichen Eiern, Schlagsahne und Fisch.

Aus dem Kätzchen wurde eine große Katze, die fauchte und kratzte, wenn sie nicht bekam, was sie wollte.

Aber das fand die Frau nur drollig. Immer noch durfte die Katze in ihrem Bett schlafen.

Die Katze wurde immer größer und dicker und ließ sich von der Frau bedienen. Bald soff sie zum Frühstück zwei Liter Milch mit Vitamintropfen und mittags fraß sie fünf Kotelett paniert und gebraten. Die Frau durfte nur die Knochen abnagen. Sie wurde immer magerer und blasser und die Katze wurde immer fetter und wuchs und wuchs, bis sie so groß wie ein Kalb war.

Nun schlief das Katzenvieh allein im Bett, und die Frau musste sich auf dem Teppich zusammenrollen.

Die Geschichte von der Mutter, die an alles denken wollte

Eine Mutter wollte im Urlaub mit ihren beiden Kindern auf einen Berg steigen. Sie überlegte, was man mitnehmen müsste. An alles wollte sie denken:

Zum Beispiel könnte es Regen geben. Also brauchten sie Regenmäntel und trockene Schuhe und Strümpfe.

Es könnte auch zu früh dunkel werden. Die Frau nahm für jeden eine Taschenlampe mit.

Es könnte auch sein, dass sie sich verirrten. Dann müssten sie über Nacht draußen bleiben. Die Frau packte ein Zelt und drei Schlafsäcke ein, dazu einen Spirituskocher, einen großen Kochtopf und Lebensmittel für mindestens fünf Tage.

Und wenn einer von ihnen unterwegs krank würde? Unbedingt mussten sie Medizin für verschiedene Krankheiten und Verbandszeug mitnehmen.

Dann fiel der Frau noch ein, dass es auch Nebel geben könnte. Also band sie die Kinder an ein starkes Seil und hängte sich ein Nebelhorn um den Hals.

So stiegen sie auf den Berg und schleppten und keuchten und schwitzten. Aber sehr weit kamen sie nicht. An die Kuhfladen auf dem Weg hatte die Frau nicht gedacht. Sie trat in einen Kuhfladen und weil sie so schwer bepackt war, rutschte sie den steilen Hang wieder hinunter, und die Kinder am Seil rutschten hinterher. »Und das war das Beste!«, sagten die Kinder.

Die Geschichte vom ordentlichen Mann

Ein Mann war so ordentlich, dass er es nicht ertragen konnte, wenn die Uhrzeiger schief standen. Auf seinen Uhren musste es immer halb zwölf oder drei viertel drei sein. Jeden Abend räumte er seinen Mülleimer auf, und noch im Schlaf zog er sein Bettzeug zurecht.

Einmal kochte er sich Nudeln. Er nahm die Nudelbänder einzeln aus dem Topf, zog sie glatt und schnitt sie alle mit der Schere gleich lang. Dann legte er sie schön ordentlich nebeneinander in die Schüssel.

Aber als er sich dann zum Essen an den Tisch setzen wollte, erschrak er sehr: Teller, Gabel und Schüssel gehörten doch nicht auf den Tisch, sondern in den Schrank! Das sah ja entsetzlich unordentlich aus! Schnell räumte er alles weg.

Seitdem deckte er immer den Tisch wieder ab, ehe er gegessen hatte. So ordentlich war er.

Die Geschichte von den billigen Einkaufsnetzen

Eine Frau musste alles kaufen, was billig war. Sie konnte einfach nicht anders. Wenn es irgendwo billigen Käse gab, kaufte sie ihn gleich pfundweise, auch wenn er anfing zu stinken, ehe ihre Familie ihn aufessen konnte. Sie hatte schon drei billige Fernsehgeräte und fünf billige Radios gekauft, acht billige Brotschneidemaschinen, neunzehn billige Küchenuhren und zweiunddreißig billige Putzeimer.

Einmal gab es gleich am Eingang zum Kaufhaus einen Tisch mit billigen Einkaufsnetzen: zwanzig Cent das Stück! Die Frau kaufte alle, die da waren.

Aber dann hatte sie kein Geld mehr für die vielen anderen billigen Sachen. Und mit neunhundertachtundachtzig leeren Einkaufsnetzen ging sie traurig nach Haus.

40,-
32,-
8,-
7,95
120,-
98,-
14,-
12,80
-,75
-,45
-,95
3,75
2,-
9,-
6,98
-,20

Die Geschichte vom Jungen mit den scharfen Augen

Ein Junge hatte so scharfe Augen, dass er mit einem Blick eine Scheibe Brot abschneiden konnte. Er brauchte sich auch nie die Nägel zu schneiden. Einmal hinsehen genügte. Wenn er sich Mühe gab, konnte er mit seinen scharfen Augen sogar Bretter sägen. Seine Familie fand das sehr praktisch.

Aber einmal stand der Junge am Fenster und sah die Leute auf der Straße zu genau an.

Sämtliche Taschen und Mappen platzten auf. Eier, Bücher Gemüse, Akten, Geld, Bierflaschen und Zeitungen fielen auf die Straße. Drei Hundeleinen waren sofort durchgeschnitten und die Hunde stürzten wütend übereinanderher. Eine Frau mit langen blonden Haaren hatte plötzlich nur noch Stoppeln auf dem Kopf und einem dicken Mann rissen die Hosenträger. Außerdem fiel den Leuten auf dem Balkon gegenüber der Sonnenschirm in Fetzen in die Suppenteller, und ihr Wellensittich verlor alle Schwanzfedern.

Seitdem trägt dieser Junge immer eine Sonnenbrille. Darum hat er jetzt oft lange schmutzige Fingernägel.

Die Geschichte von den Grasköpfen

Ein Friseur bekam eine Glatze. Kein Haarwasser konnte ihm helfen. Er versteckte seinen kahlen Kopf unter einer Perücke, aber trotzdem fühlte er sich als glatzköpfiger Friseur sehr unglücklich.

Sein Frau hatte Mitleid mit ihm. Sie dachte: »Man muss alles versuchen!«, und heimlich füllt sie ihrem Mann flüssigen Blumendünger in die Haarwasserflasche.

Eine Woche später wuchs dem Friseur junges grünes Gras auf dem Kopf.

Die Leute in der Stadt staunten und waren begeistert. Sofort wurde der Kopfrasen modern. Aber echte grüne Grashaare wuchsen nur auf echten Glatzköpfen. Bei allen anderen wirkte der Blumendünger nicht. Sie mussten eine Kunstgras-Perücke tragen oder ihre eigenen Haare grün färben. Man sah aber sofort, wer einen richtigen Graskopf hatte und wer nicht. Darum wurden die Leute mit dem natürlichen Kopfrasen von allen anderen sehr beneidet.

Allerdings mussten sich die echten Glatzgrüngrasköpfe vor Kühen, Pferden, Schafen und anderen Grasfressern in Acht nehmen. Deshalb gingen sie auch nicht mehr gern in den Zoo. Einem von ihnen hatte ein Riesenkänguru den Kopf wieder kahl gefressen.

Neu

Die Geschichte von der Frau, die immer noch schlanker werden wollte

Eine Frau wollte unbedingt schlank sein. Sie aß zum Frühstück nur einen Löffel Magerquark, und dazu trank sie eine Tasse Schlankheitstee. Dann ging sie ins Büro.

Dort las sie in der Mittagspause ein Rezept aus dem Schlankheitskochbuch. Wenn sie sehr hungrig war, las sie auch zwei Rezepte. Das genügte ihr.

Abends mischte sie sich einen Salat aus drei Schlankheitstabletten, Salz und Zitronensaft. Sonntags tat sie noch eine Messerspitze Senf an den Tablettensalat. Die Frau wurde sehr schlank. Aber sie wollte noch schlanker werden.

Einmal las sie wieder in der Mittagspause im Schlankheitskochbuch. Sie war etwas müde und schlief ein, und das Buch klappte zu. Bald danach kamen die Kollegen aus der Kantine zurück. Erst sahen sie nur das Buch auf dem Schreibtisch. Dann fanden sie die Frau: Sie lag als Lesezeichen zwischen Seite 48 und Seite 49.

Die Geschichte vom Straßenräuber

Ein Straßenräuber wollte nachts Leute überfallen und ausrauben. Niemand durfte ihn erkennen, und die Leute sollten eine fürchterliche Angst vor ihm bekommen und ihm sofort ihre Autos und ihr Geld geben. Darum verkleidete er sich:

Er zog sich seinen Strumpf über den Kopf und schob seinen schwarzen Schlapphut tief in die Stirn. Dann band er sich noch ein Tuch vor Mund und Nase und setzte eine dunkle Brille auf.

Er nahm seinen Knüppel und ging zum Spiegel.

»Hilfe!«, schrie er und sprang in den Schrank und hielt die Schranktür von innen zu. Er schwitzte vor Schreck. Nach einiger Zeit bekam er keine Luft mehr. Vorsichtig schob er die Schranktür auf. Aber er zog sie schnell wieder zu. Der Spiegel hing nämlich an der Wand gegenüber.

Bis zum Morgen hockte der Mann im Schrank, solche Angst hatte er vor sich selbst.

Die Geschichte vom gehorsamen Jungen

Ein Junge tat immer, was ihm gesagt wurde. Er bildete sich viel darauf ein, dass er so gehorsam war.

Einmal machte seine Schulklasse eine Wanderung. Einige Kinder wollten bei einer Pferdekoppel stehen bleiben. Auch der gehorsame Junge war dabei.

Die Lehrerin sagte: »Wir anderen gehen schon ins Dorf. Ihr könnt nachkommen, dann treffen wir uns vor dem Gasthaus. Geht nur geradeaus weiter und bleibt alle beisammen.« Bald hatten die Kinder den Pferden lange genug zugesehen. Sie wollten jetzt ins Dorf gehen.

Natürlich führte der Weg nicht genau geradeaus. An der zweiten Biegung blieb der gehorsame Junge stehen, denn hier zweigte ein Wiesenpfad ab, der führte geradeaus zu einem Kartoffelacker. Dort hörte er auf.

»Wir sollen immer geradeaus gehen«, sagte der Junge.

»Ins Kartoffelfeld?«, fragten die anderen. »Dort links liegt das Dorf. Wir bleiben auf dem Weg.«

»Halt!«, rief der Junge. »Wir sollen beisammen bleiben!«

»Dann komm doch mit uns!«, riefen die anderen.

»Aber ihr geht nicht geradeaus!«, rief der Junge. Erst lief er ihnen nach, dann rannte er zurück zur Wegbiegung und wieder hinter den anderen her und wieder zur Wegbiegung – und hetzte hin und her, bis nach einer halben Stunde die Lehrerin kam und ihn holte. Sie war ärgerlich. Das konnte der gehorsame Junge nicht verstehen.

Die Geschichte von einer besonderen Familie

Eine Familie kam sich wie eine ganz besondere Familie vor. Der Vater, die Mutter, die Kinder – alle sagten: »Wir sind nicht wie die anderen Leute!« Sie waren sehr stolz darauf. Es ärgerte sie nur, dass die anderen Leute nicht merkten, wie besonders sie waren.

Einmal wünschten die Kinder sich ein Tier, und das sollte natürlich ein besonderes Tier sein. Sie zogen einen hohen Zaun um den Garten und kauften eine Giraffe. Die Kinder sagten jetzt zu den anderen Kindern: »Eine Schildkröte habt ihr? Einen Dackel habt ihr? Pah! Wir haben eine Giraffe!«

Der Garten war aber sehr klein. Darum sah man vom Haus her nie die ganze Giraffe. Von den unteren Fenstern aus konnte man nur ihre Beine sehen und von den oberen Fenstern aus nur ihren Bauch.

Die Familie stand jeden Tag stundenlang im Garten. Alle reckten und streckten und verdrehten die Hälse, weil sie ihre ganze Giraffe sehen wollten, und weil sie so stolz auf ihr besonderes Tier waren.

Bald sahen dann die anderen Leute, dass dies wirklich eine besondere Familie war: Der Vater, die Mutter, die Kinder – alle bekamen Giraffenhälse. Natürlich waren sie auch darauf sehr stolz.

Die Geschichte vom lächelnden Bahnbeamten

Ein Mann hatte sehr schlechte Augen. Aber nie setzte er seine Brille auf. Er fand sich mit der Brille nicht schön genug.

Einmal wartete er im Bahnhof auf einen Zug.

»Hat der Zug Verspätung?«, fragte er einen Bahnbeamten. Der lächelte freundlich. Aber er gab dem Mann keine Antwort.

»Ich kann die Uhr nicht erkennen, weil ich so schlechte Augen habe«, sagte der Mann.

Wieder lächelte der Bahnbeamte nur und sagte nichts.

»Das ist doch nicht zum Lachen!«, sagte der Mann. »Also bitte: wie viel Uhr ist es?«

Der Bahnbeamte lächelte weiter.

»Haben Sie Griesbrei in den Ohren?«, fragte der Mann.

Der Bahnbeamte lächelte.

»Lachen Sie nicht so blöd!«, rief der Mann. »Ich werde mich über Sie beschweren!«

Die anderen Leute auf dem Bahnsteig drehten sich nach ihm um.

»Am frühen Morgen schon betrunken! Schämen Sie sich!«, sagte eine Frau.

Wütend lief der Mann ans Ende vom Bahnsteig.

Der Bahnbeamte lächelte hinter ihm her. Er war nämlich ein Plakatbild.

1.5.-30.9.

Die Geschichte von der Pips

Eine Frau las alles, was in den Zeitungen über Krankheiten stand und dann bekam sie selbst diese Krankheiten. Jedenfalls bildete sie sich das ein. Und wenn sie hörte, dass jemand Zahnschmerzen hatte, sagte sie gleich: »Ich auch!«, und als der Briefträger sich den Fuß verstauchte, fing auch die Frau an zu hinken.

Sie hatte schon fast alle bekannten Krankheiten ausprobiert, da hörte sie von einer, die man »die Pips« nennt. Sofort ging sie zum Arzt. Er möchte ihr bitte etwas gegen die Pips verschreiben.

Der Doktor sagte: »Nur Hühner bekommen die Pips. Sie stecken sich gegenseitig an, wenn sie im feuchten Dreck scharren, oder wenn der Stall nicht gut gelüftet ist. Man erkennt die Pips am Kopfschlenkern.«

Die Frau war beleidigt. »Ich scharre nicht in feuchtem Dreck!«, sagte sie. »Und meine Wohnung ist kein Stall!«

Dann ging sie nach Hause und schlenkerte schon unterwegs mit dem Kopf. Sie wollte unbedingt die Pips haben, weil in den Zeitungen gerade nichts Neues über Krankheiten stand. Aber niemand glaubte ihr, niemand bedauerte sie.

Da fing sie nach drei Tagen an zu gackern und zu scharren.

Die Geschichte vom Leimerfinder

Ein Mann war nie zufrieden mit dem Leim, den man kaufen kann. Er wollte einen besseren Leim erfinden.

Erst mischte er alle klebrigen Sachen, die ihm einfielen:

Karamellbonbons, Teer, Katzenhaare, Eiweiß, Nagellack, Kartoffelklöße, Honig, Kletten, Kaugummi, Fliegendreck, Spucke, Himbeersaft, Juckpulver und Knet. Das Ganze kochte er eine Stunde lang.

Dann wollte er seinen Leim ausprobieren. Er stippte den Zeigefinger in den Topf und zog einen dicken Leimstrang heraus. »Sehr gut!«, sagte er.

Nun wollte er den Leim mit der anderen Hand wieder abstreifen. Aber das ging nicht. Aus dem einen Leimstrang wurden zwei, und der Mann hing mit beiden Händen am Topf. »Ausgezeichnet!«, sagte er.

Er trat mit dem Fuß gegen die Leimschnüre. Sofort blieb sein Schuh hängen. »Großartig!«, rief der Mann.

Er hüpfte auf einem Bein durch die Küche und zog die Leimfäden hinter sich her. Die wurden länger und länger und wickelten sich um den Tisch und die Stühle. Der Mann drehte sich um sich selbst. Die Leimfäden wickelten sich um seine Schultern, seinen Bauch und seine Beine. Der Mann konnte sich nicht mehr rühren.

Endlich kam seine Frau. Sie begoss den Mann mit Buttermilch und kaltem Kaffee, bis der Leim sich wieder auflöste.

Die Geschichte vom Prantocox

Ein Prantocox kam ins Einwohnermeldeamt. Es wollte Einwohner werden. Der Beamte fragte es nach seinem Vornamen.

»Ich heiße nur Prantocox, leider«, sagte das Prantocox.

Der Beamte schrieb in das Meldeformular: »Familienname: Cox, Vorname: Pranto«. Dann fragte er: »Wann geboren?«

»Heute!«, rief das Prantocox, und der Beamte gratulierte ihm zum Geburtstag. Er wollte aber auch wissen, wie alt das Prantocox nun war.

Es verstand nicht, was er meinte. »Ich habe mir doch erst heute mich selbst ausgedacht!«, sagte es.

»Ausgedacht?«, fragte der Beamte. »Sie haben sich selbst einfach sich selbst ausgedacht? Wollen Sie mich auf den Arm nehmen?«

»Wenn Sie es wünschen – gern!«, sagte das Prantocox, und es nahm den Beamten auf den Arm. Der Mann strampelte und hielt sich an der Lampe fest.

»Sie Rüpel!«, schrie er. »Sie sind unmöglich!«

»Ganz und gar unmöglich? Ach, wie schade«, flüsterte das Prantocox und es wurde langsam unsichtbar.

Gerade jetzt kam ein anderer Beamter herein. Er sah seinen Kollegen an der Lampe zappeln. »Nein!«, rief er und hielt sich vor Entsetzen die Augen zu.

Das Prantocox konnte den Beamten gerade noch in den Sessel setzen. Dann war es nicht mehr da. Der Beamte hatte recht: Prantocoxe sind unmöglich. Darum gibt es keine.

Dreißig Geschichten von Tante Mila

Inhalt

Die erste Geschichte von Tante Milas Umzug

So war es, als Tante Mila in unsere Gegend zog: Sie kam aus einer anderen Stadt, und für den Umzug hatte sie einen großen Möbelwagen bestellt. Denn sie hatte noch viele Sachen von den Eltern und Großeltern, und bis dahin mochte sie nie etwas wegwerfen.

Da kam Cousine Annemie und sagte: »Unsere Großmutter hat mir vor achtzehn Jahren den Schlafzimmerschrank versprochen.«

Mila gab ihn ihr, und als der große alte Schrank weg war, gefiel ihr das Schlafzimmer viel besser als vorher.

Dann wollte einer von ihren Freunden heiraten, aber er hatte kein Geld und keine Küchenmöbel. Mila dachte an das Schlafzimmer, und sie gab ihm alles, was in der Küche stand, nur die Kaffeemaschine behielt sie.

Die Wohnung gefiel ihr immer besser, und sie dachte: »Im alten Sofa sind die Motten, die Sessel haben mir noch nie gefallen, und die Standuhr geht immer nach.«

Also gab sie alle Wohnzimmermöbel zum Sperrmüll, auch die Flurkommode. Aus Versehen tat sie sogar die Kaffeemaschine dazu. Die holte sich eine Nachbarin.

Mila konnte mit dem Wegwerfen nicht mehr aufhören, so herrlich fand sie das Leben ohne Sachen. Sie hatte vergessen, wie groß ein großer Möbelwagen ist. Am Umzugstag stand er vor der Tür, und fünf Männer waren dabei.

»Unverhofft kommt oft!«, sagte Mila. »Jetzt koche ich erst mal Kaffee.«

Aber dafür musste sie sich ihre eigene Kaffeemaschine bei der Nachbarin ausleihen.

1.
2.
3.
4.
5
6.

Die zweite Geschichte von Tante Milas Umzug

So war es, als Tante Mila hier in die Blaufärberstraße zog: Der große Möbelwagen hielt vor dem Haus Nummer 38. Die Nachbarn warteten schon. Was für Sachen würden jetzt wohl ausgeladen?

Erst kletterten die fünf Männer aus der Fahrerkabine. Sie reckten sich und gähnten, sie hatten die ganze Nacht fahren müssen. Einer schloss die großen Türflügel hinten am Wagen auf.

Da sah man nur eine große Schwärze und Leere. Dann kam Tante Mila hinten aus dem Wagen.

Sie hatte ihr bestes hellblaues Sommerkostüm angezogen und Schuhe mit hohen Absätzen, denn sie wollte in der Blaufärberstraße gleich einen guten Eindruck machen. Aber sie hatte im Möbelwagen geschlafen, und jetzt war das Kostüm zerknittert, der Rock saß schief.

So stand sie oben auf dem Wagen, und die Männer luden ihre Sachen aus: eine Bücherkiste, drei Koffer und ein altes Holzbett.

Die Leute guckten und warteten.

Mila merkte das. Sie sagte: »Das ist alles. Unverhofft kommt oft!«

Dann stieg sie vom Wagen und ging ins Haus. Sie hinkte ein bisschen, weil sie an Schuhe mit hohen Absätzen nicht gewöhnt war. Aber sie lächelte wie eine Königin.

Fast alle in der Blaufärberstraße fanden Mila vom ersten Tag an großartig.

Die Geschichte von Tante Mila und den Tauben

So war es drei Tage nach Tante Milas Umzug: Ihr Urlaub war zu Ende, und sie fuhr mit dem Bus zur Stadtbücherei. In der anderen Stadt hatte sie mehr als zehn Jahre in der Bücherei gearbeitet. Das war ihr Beruf.

Mila stand also vor der Stadtbücherei, und sie hatte schon den Türgriff in der Hand, da dachte sie: »Nein! Von all dem, was in den Büchern steht, will ich endlich einmal etwas erleben, richtig erleben!«

Sie ließ den Türgriff wieder los und sagte laut zu sich selbst: »Du bist verrückt! Du musst doch Geld verdienen.«

Da sah sie die Tauben. Sie saßen über der Tür auf einem Mauervorsprung, und zwei kamen gerade über das Dach. Mila dachte: »Ich warte, bis sie alle sitzen, dann gehe ich in die Bücherei und bin vernünftig, das schwöre ich!« Als aber dann die beiden letzten Tauben einen Platz gefunden hatten, rief Mila: »Ksch, ksch!«, und der ganz Schwarm flatterte auf. Gleich wollten die Tauben sich wieder setzen, aber Mila rief wieder: »Ksch, ksch!«, und dabei schwenkte sie die Arme und lief hin und her. So jagte sie die Vögel immer wieder hoch.

Die Leute blieben stehen und fragten: »Was soll das?«

Mila rief ihnen zu: »Ich habe es geschworen: Wenn sie alle sitzen, muss ich wieder in der Bücherei arbeiten!«

»Sie ist verrückt!«, sagten die Leute.

»Ja!«, rief Mila und lachte. »Unverhofft kommt oft!«

Denn die Tauben flogen endlich über das Dach und blieben weg. So kam es, dass Mila einen neuen Beruf suchte.

Die erste Geschichte von Tante Mila und dem Säulenschränkchen

So war es, als Tante Mila sich neue Möbel kaufen wollte: Sie sah sich die Schaufenster mit den modernen Sachen an, und auf dem Nachhauseweg stellte sie sich vor, was wohl Hubert und Käthe zu solch einer Wohnung sagen würden. Hubert war Milas Bruder und Käthe war ihre Schwägerin. Mila wollte bei ihnen ein bisschen angeben.

Da fand sie ausgerechnet heute eine Postkarte von Hubert im Briefkasten. Er möchte sie bald einmal besuchen, schrieb er, und dann wollte er das alte geschnitzte Säulenschränkchen von den Eltern mitnehmen.

Hubert sollte das Säulenschränkchen erben, das hatte Mila vergessen, und das Ding war jetzt beim Sperrmüll in der anderen Stadt. Hubert würde furchtbar wütend sein. Aber dann dachte Mila: »Unverhofft kommt oft, und Sperrmüll ist Sperrmüll, und Säulenschränkchen gibt es überall.«

In der Zeitung stand, wo morgen Sperrmüll abgeholt werden sollte. Mila war schon dort, als es noch dunkel war, und sie fand gleich vor dem vierten Haus ein Sofa, das sah genauso aus wie das alte von der Großmutter, es hatte nur keine Mottenlöcher. Mila bekam plötzlich Heimweh nach ihren alten Sachen. Sie ließ sich das Sofa schenken.

Für das gesparte Geld kaufte sie ein Fahrrad und dazu einen Gepäckanhänger. Damit fuhr sie nun jeden Morgen durch die Sperrmüllstraßen. Nirgendwo fand sie ein Säulenschränkchen. Aber als vierzehn Tage herum waren, sah Milas neue Wohnung genauso aus wie ihre alte Wohnung in der anderen Stadt.

Ich will das Säulen-schränkchen haben!
1.
2.
3.
4.

Die Geschichte von Tante Mila und der Dackeldame

So war es, als Tante Mila einmal mittwochs Fisch kaufte: Im Laden traf sie die Dame mit dem Dackel aus Nummer 38, die wollte alles von Mila wissen. Sie fragte: »Sind Sie die Altwarenhändlerin mit dem Fahrrad? Wie alt sind Sie? Haben Sie hier in der Stadt Verwandte? Sind Sie nicht verheiratet? Essen Sie immer mittwochs Fisch?«

Da hatte Mila genug von der Fragerei. Sie sagte: »Den Fisch will ich nicht essen, den will ich malen. Ich bin nämlich Fischmalerin.«

»Ach!«, sagte die Dackeldame. »Interessant! Malen Sie nur Fische? Würden Sie auch meinen Waldmann malen?«

Da stand Mila schon auf der Straße. Was hatte sie gesagt? Sie konnte doch nicht malen, noch nicht einmal einen Ziegelstein konnte sie malen! Wenn jetzt die Leute ihre Bilder sehen wollten?

»Mila!«, sagte sie laut zu sich selbst. »Unverhofft kommt oft! Du hast endlich wieder einen neuen Beruf und so schwer kann das nicht sein, das Fischemalen. Aber das Meer gehört dazu, ein Meer mit Sturm und hohen Wellen.«

Gerade kam die Dackeldame aus dem Laden. Sie rief: »Grün? Sie wollen ihn grün malen?« Sie dachte an ihren Hund.

»Giftgrün!«, sagte Mila. »Und schwefelgelb mit einer Spur Knallblau.« Sie dachte an das Bild.

»Das finde ich aber scheußlich!«, rief die Dame.

»Das mache ich, wie ich will!«, rief Mila. »Giftgrün!« Dann ging sie in die Stadt und kaufte Pinsel und Farben.

Die Geschichte von Tante Mila und der Fischmalerei

So war es, als Tante Mila das Fischemalen übte: Sie hatte zwei Heringe gekauft, die legte sie auf einen Teller, sie tat eine Zwiebel und ein paar Kartoffeln dazu.

Sie mischte die Farben und kniff die Augen zusammen und malte und zerbiss den Pinselstiel. Bis zum Abend saß sie vor dem Heringsteller, und manchmal fluchte sie laut. Denn ihre gemalten Heringe sahen immer wie zwei Einlegesohlen mit Glotzaugen aus.

Schließlich machte Mila sich aus den Heringen, den Kartoffeln und der Zwiebel einen Heringssalat.

Am nächsten Tag kaufte sie eine Forelle. Die war teuer, aber Mila dachte: »Einen Fisch mit so hübschen roten Punkten kann man leichter malen als graue Heringe.«

Sie legte zu der Forelle eine Zitrone, ein Lorbeerblatt und einen Zweig Petersilie, und wieder malte und malte sie bis zum Abend. Aber ihre gemalte Forelle sah wie eine Scheibe Leberwurst aus.

Da kochte Mila die Forelle mit einem Stück Zitrone und mit dem Lorbeerblatt, und das Ganze verzierte sie mit der Petersilie. Aber der teure Fisch schmeckte ihr nicht besonders gut. Sie sagte zu sich selbst: »Ich kann doch nicht jeden Tag Fisch essen! Von nun an male ich aus dem Gedächtnis. Außerdem ist das billiger.«

Und aus allen Farbresten malte Mila ein Bild mit ausgedachten Fischen, sie malte ein wildes Meer und einen giftgrünen Himmel dazu, und es wurde ein gutes Bild. Mila rief: »Unverhofft kommt oft! Ich kann malen!«

Die zweite Geschichte von Tante Mila und dem Säulenschränkchen

So war es, als Hubert und Käthe von der Fischmalerei erfuhren: Käthe sagte: »Sie ist deine Schwester, ich will nichts gesagt haben, aber so etwas sieht ihr ähnlich. Sie stopft auch bestimmt immer noch alle Unordnung unter die Bettdecke, wenn Besuch kommt. Und das alte Säulenschränkchen hat sie uns auch noch nicht gegeben.«

»Wollen wir das eigentlich haben?«, fragte Hubert.

»Geerbt ist geerbt«, sagte Käthe, und Hubert sagte: »Wenn es uns nicht gefällt, schenken wir es Mila.«

Wieder schrieb Hubert eine Postkarte. Am Dienstag wollte er mit Käthe in Urlaub fahren, stand darauf, und ob sie am Montag ihre Goldfische zu Mila bringen könnten? Sie hätte ja sowieso jetzt mit Fischen zu tun.

Mila fuhr in die Stadt und kaufte ein neues altmodisches Säulenschränkchen. Dafür musste sie fast ihr ganzes Geld ausgeben, und es war ein scheußliches Ding.

Montags brachten Hubert und Käthe ihre beiden dicken Goldfische. Das Schränkchen sahen sie nur von der Seite an, dann sagten sie: »Das schenken wir dir zum Einzug. Du magst solche alten Sachen ja gern.«

Und Käthe hob heimlich die Bettdecke hoch. Mila merkte das, und dort lagen das Bügeleisen und viele leere Farbtuben und schmutzige Strümpfe.

»Unverhofft kommt oft«, dachte Mila.

Am Dienstagmorgen brachte Mila das Schränkchen zur nächsten Sperrmüllstraße, und den Goldfischen gab sie vor Wut den ganzen Tag kein Futter.

Die erste Geschichte von Tante Mila und den Tickelskindern

So war es, als die Tickelskinder vom ersten Stock ausprobieren wollten, wie man Tante Mila ärgern könnte: Erst schellte das Mädchen bei Mila, und es machte ein liebes Gesicht und fragte, ob es schnell mal aufs Klo dürfte, zu Hause wäre niemand. Dann kamen die drei Brüder, und alle wollten nur schnell mal aufs Klo.

Danach kam das Mädchen wieder, und es hatte schrecklichen Durst auf Apfelsaft. Die anderen natürlich auch. Als sie dann achtmal bei Mila geschellt hatten, kamen sie alle vier auf einmal, und wieder wollten sie aufs Klo. Mila hätte ihnen zu viel Saft gegeben, sagten sie.

Da wurde Mila wütend. Sie packte die vier und schob sie ins Klo und schloss die Tür von außen ab. Erst schimpften die Kinder, dann riefen sie um Hilfe.

»Niemand hört euch«, sagte Mila am Schlüsselloch. »Ich lasse euch da drinnen verhungern. Das Klo ist wie ein Leuchtturm, und rundherum ist Sturmflut. Kein Schiff bringt euch etwas zu essen, kein Mensch hört euch schreien. Grässlich, grässlich! Ihr habt eure Schuhsohlen schon aufgegessen, jetzt könnt ihr nur noch eure Jackenknöpfe lutschen. Aber dann!« Mila knipste das Licht im Klo an. »Aber dann wird es plötzlich wieder hell, denn unverhofft kommt oft: Ein Schiff! Die Kapitänin Mila! Gerettet!«

Mila schloss die Klotür auf, und gerade da schellte Frau Tickel und rief: »Was machen Sie mit meinen Kindern, Sie Person, Sie?«

»Sie hat uns doch gerade gerettet!«, riefen die vier.

»Wieso?«, fragte Frau Tickel. Aber das erfuhr sie nie.

MILA

Die Geschichte von Tante Mila und den alten Frauen

So war es, als Mila im Park Frau Munke und Frau Plister traf: Sie waren beide schon alt, ihre Gesichter hatten von den vielen Jahren tiefe Falten bekommen, und auf ihren Händen sah man die Adern wie blaue Äste. Frau Plisters Rücken war krumm, sie brauchte einen Stock zum Gehen, und Frau Munke musste immer ein bisschen mit dem Kopf zittern, sie konnte nichts dagegen tun. Mila hatte Zeichenpapier gekauft, und nun hatte sie nur noch drei Mark fünfundsiebzig. Sie ging durch den Park nach Hause, weil das eine Abkürzung war, und am Brunnenplätzchen begegneten ihr Frau Munke und Frau Plister. Mila dachte: »Wie ist das wohl, wenn man so alt ist? Wenn man am Stock gehen muss, und der Kopf zittert einem?« Und sie stellte sich vor, sie wäre achtzig Jahre alt.

»Was ist denn mit Ihnen los?«, rief der Eismann am Parktor. Denn Mila hatte sich das Altsein zu genau vorgestellt. Sie fühlte sich wirklich uralt, sie musste sich auf die Papierrolle stützen, und ihr Kopf zitterte schlimmer als Frau Munkes Kopf.

»Unverhofft kommt oft«, sagte sie. »Auf einmal ist man achtzig. Haben Sie sich das jemals richtig vorgestellt?«

»Nein«, sagte der Eismann. Er war auch noch sehr jung.

»Dann kriegt man Magenschmerzen vom Eisessen«, sagte Mila. »Bitte geben Sie mir eine doppelte Portion mit Sahne, aber es darf nicht mehr kosten als drei Mark fünfundsiebzig.«

So gab Mila ihr letztes Geld für Eis mit Sahne aus, weil sie Frau Munke und Frau Plister getroffen hatte.

Die Geschichte von Tante Mila und den echten Goldfischen

So war es, als Tante Mila gar kein Geld mehr hatte: Sie stellte ihre Fischbilder ans Fenster. Alle Bilder waren gleich groß, aber die mit den großen Fischen sollten zwanzig Mark kosten, und die mit den kleinen Fischen sollten nur zehn Mark kosten. Das hatte Mila sich so ausgedacht, nur zum Spaß.

Aber keiner kaufte ein Bild.

Am dritten Tag hatte Mila kein Brot und keine Margarine mehr, am vierten Tag aß sie den letzten Quark, und am fünften Tag gingen die Kartoffeln zu Ende und auch für Huberts Goldfische war kein Futter mehr da.

Mila holte das Aquarium in die Küche. »Tut mir leid«, sagte sie zu den Fischen, »ich muss euch braten. Aber erst male ich euch zum Andenken für Hubert.« Und sie malte sich eine große Schüssel voll Kartoffelsalat und daneben malte sie das Glas mit den Goldfischen. Sie merkte zu spät, dass alle Tuben mit roter Farbe leer waren.

Da machte Mila mit der Beißzange zwei Teile aus ihrer goldenen Halskette, die klebte sie auf die gemalten Fische.

Sie stellte das Bild ins Fenster. »Goldfische, echt Gold, DM 10,00«, schrieb sie dazu.

Eine halbe Stunde später kamen fünf Leute auf einmal, und alle wollten das echte Goldfischbild kaufen.

»Unverhofft kommt oft!«, sagte Mila zu den Goldfischen. »Ihr werdet also nicht gebraten.«

So wurde Mila mit einem Schlag im ganzen Stadtviertel berühmt. Die Leute kauften ihr alle Fischbilder ab.

echt Gold
Goldfische

Die zweite Geschichte von Tante Mila und den Tickelskindern

So war es, als die Tickelseltern einmal am Abend ausgehen wollten: Mila sollte bitte bei den Kindern bleiben. Als die Eltern weggegangen waren, fragte Mila die Kinder: »Habt ihr Hunger? Oder Durst?«

»Nein«, sagten die vier. Aber Mila sollte bitte bei ihnen im Zimmer bleiben, sie hätten Angst. Aber das sagten sie nur so.

Der älteste Junge redete von Gespenstern. »Ich hab mal eins in der Speisekammer gesehen«, sagte er. »Es war lila.« Mila bekam eine Gänsehaut.

Der zweite Junge erzählte von einem Einbrecher. »Der hatte sich bei uns im Hausflur versteckt!«, sagte er.

»Bestimmt!« Mila bekam Herzklopfen.

Der dritte Junge sagte: »Hoffentlich gibt es kein Gewitter!«, und das Mädchen sagte: »Ich habe solche Angst vor Flugzeugen! Vielleicht fällt mal eins auf unser Haus?« Darüber hatte Mila noch nie nachgedacht. »Soll ich das Licht brennen lassen?«, fragte sie.

»Warum denn?«, fragte das Mädchen. »Dann können wir ja nicht einschlafen.«

»Ich dachte an die Gespenster und Einbrecher«, sagte Mila. »Und überhaupt: Unverhofft kommt oft!«

»Sie haben eine ganz zittrige Stimme. Sie haben wohl Angst?«, fragte der älteste Junge.

»Ja«, sagte Mila. » Gut, dass ihr bei mir seid.« Und das meinte sie ehrlich. Da bekamen auch die Kinder Angst vor ihrer eigenen Angstmacherei, und als die Eltern nach Hause kamen, brannten alle Lampen in der Wohnung, und Mila und die Kinder schliefen zu fünft auf dem Wohnzimmersofa.

Die Geschichte von Tante Milas Pfefferessen

So war es, als Tante Mila endlich wieder Geld hatte: Sie lud alle Leute aus dem Haus am Sonntag zum Mittagessen ein. Da kamen Familie Tickel, Frau Neumann mit Sonja, Herr Samsohl, dazu die Dackeldame, und natürlich kamen Hubert und Käthe und noch zwei von Milas alten Schulfreunden.

Vierzehn Gäste, das war für Mila nichts Besonderes. Sie hatte nur große Töpfe und Pfannen, und kochen war für sie ein Vergnügen. Heute stellte sie sich vor, sie wäre die Wirtin in einem Gasthaus. »Du Rindvieh!«, rief sie. »Du hattest doch schon genug Pfeffer an die Soße getan! Und auch an die Suppe und ans Fleisch!«

Pfeffer war immer schon Milas Lieblingsgewürz, darum gab es erst eine Pfeffersuppe, dann Pfefferschnitzel und Paprikasalat und gepfefferte Bratkartoffeln. Herrn Samsohl liefen schon bei der Suppe die Tränen herunter, und bald schnieften und husteten sie alle, nur Mila nicht.

»Schmeckt es euch?«, fragte sie.

»O ja, sehr gut«, sagten alle, und sie wischten sich den Schweiß vom Gesicht.

Alle hatten Mila gern, warum sollten sie sagen, dass alles viel zu scharf war? Sogar die Tickelskinder aßen die Teller leer. Dass Mila sie ins Klo gesperrt hatte, fanden sie prima. So etwas taten ihre Eltern nie.

»Unverhofft kommt oft!«, rief Mila. »Ich habe aus Versehen zweimal Pfeffer ans Essen getan, und ihr merkt nichts davon!«

»Überhaupt nichts«, sagten die anderen und rieben sich die Augen und lachten, dass man es bis auf die Straße hörte.

OLÉ
MAUS

Die Geschichte von Tante Milas Standuhren

So war es, als Tante Mila einmal nachts wach wurde: Sie musste an Großonkel Manfred denken. Der war Bäcker, und er hatte solche Angst vorm Frühaufstehen, dass er meist gar nicht erst einschlief.

Dann fiel ihr die alte Standuhr ein, die hatte nämlich der Großonkel ihren Eltern zur Hochzeit geschenkt. Mila dachte: »Und ich habe sie zum Sperrmüll getan! Wenn der Onkel mich besucht, ist er bestimmt traurig darüber.«

Am nächsten Tag setzte sie eine Anzeige in die Zeitung: »Alte Standuhr zu kaufen gesucht.«

Am Samstagmorgen schleppte ein Mann eine Standuhr mit siebzehn geschnitzten Türmchen vor Milas Tür, und weil er so schwitzte, kaufte Mila ihm die Uhr ab.

Dann fuhr eine Dame im Sportwagen vor, die brachte eine weiß lackierte Schnörkeluhr ohne Zeiger. Bei solchen Damen wurde Mila schüchtern. Sie kaufte die Uhr.

Am Sonntagnachmittag kamen sechs Kinder mit drei halben Standuhren auf einem Handwagen. Sie weckten alle Hausbewohner vom Mittagsschlaf, so freuten sie sich auf Milas Geld. Mila kaufte alle drei Uhren, denn eine sah fast so aus wie die alte vom Großonkel Manfred.

Danach machte sie eine Woche lang die Tür nicht auf, wenn es schellte. Dann kam ihr Geburtstag. Milas Freunde hatten die Anzeige gelesen; sie schenkten ihr eine Uhr, die sah aus wie ein dicker Mensch. Mila rief: »Unverhofft kommt oft! Woher wusstet ihr, dass ich Standuhren sammle?«

Denn sonst wären die Freunde ja traurig gewesen, weil Mila sogar auf dem Klo schon eine Standuhr hatte.

Die Geschichte von Tante Mila und dem Tigermann

So war es, als einmal ein Zirkus in die Stadt kam: Tante Mila hatte noch nie einen richtigen Zirkus gesehen, sie kannte nur Zirkusvorstellungen im Fernsehen. Darum nahm sie einen teuren Platz ganz vorn, ganz unten im runden Zirkuszelt. Sie konnte alles aus der Nähe sehen: die großen Elefantenfüße, die schönen Reiterinnen auf den schönen Pferden und die Clowns mit den erschrockenen Gesichtern.

Dann kam der Mann mit den Tigern. Er legte sich zwischen ihre Pranken wie zum Schlafen, und die Tiger gähnten. Sie zeigten ihren tiefen roten Rachen, ihre spitzen Zähne. So hatte der Mann es ihnen beigebracht.

Aber Mila meinte, die Tiger wollten den Mann beißen. Sie knüllte das Programm zusammen, sie stand auf, sie schleuderte den Papierball gegen die Tiger. Zum Glück war das Käfiggitter dazwischen. Mila wusste sofort, dass sie etwas falsch gemacht hatte. Sie schämte sich.

Danach wollte sie nichts anderes mehr vom Zirkus sehen. Sie ging nach draußen zu den Käfigen und suchte den Tigermann. Sie entschuldigte sich bei ihm, sie sagte, dass sie ihn fabelhaft fände, und dass sie solche Angst um ihn gehabt hätte. »Unverhofft kommt oft!«, sagte sie.

Sie sprachen lange miteinander, und der Tigermann fand auch Mila fabelhaft.

Eine Woche später fuhren die Zirkusleute weiter in die nächste große Stadt. Da war Mila bei dem Tigermann, und ihre Koffer waren in seinem Wohnwagen.

Die Geschichte von Tante Mila und den fetten Tigern

So war es, als Tante Mila mit dem Tigermann unterwegs war: Immer hatte sie Angst, die Tiger würden ihn fressen.

Sie dachte: »Unverhofft kommt oft! Ich muss etwas dagegen tun. Vielleicht schmeckt er den Tigern nicht, wenn er schlecht für sie riecht? Aber wie? Sie fressen sogar faules, stinkendes Fleisch. Aber Kuchen und Bananen und Pfefferminzplätzchen mögen sie nicht.« Mila sprühte heimlich Pfefferminzöl in das Anzugfutter vom Tigermann.

Der Tigermann hatte Schnupfen, erst merkte er nichts vom Pfefferminzgeruch, aber dann, bei der Vorstellung, wollten die Tiger einfach nicht gähnen, sie drehten die Köpfe weg, da konnte er mit der Peitsche knallen, soviel er wollte. Der Tigermann schwitzte vor Ärger und Anstrengung, und dadurch verdampfte das Pfefferminzöl erst richtig, und die Tiger schlichen in die Käfigecken, und die Leute riefen: »Buh, buh! Aufhören!«

Der Tigermann war verzweifelt. Die ganze Nacht riss er an seinem Schnurrbart. Ihm durfte nichts schiefgehen, das konnte er nicht ertragen. Mila zitterte vor Kummer. Sie redete mit dem Futtermeister vom Zirkus. Der hatte acht Kinder, und Mila malte sie für ihn als Trapezkünstlerinnen und Eisprinzen. Dafür gab der Futtermeister den Tigern Extraportionen, und obendrein fütterte auch Mila sie heimlich. Die Tiger wurden fett und schläfrig und bekamen Hängebäuche. Bei der Vorführung gähnten sie jetzt immer schon von selbst, und keiner drehte den Kopf weg, dazu waren sie viel zu faul. Mila war glücklich: Bestimmt hatten sie keinen Hunger mehr auf ihren Tigermann. Der merkte nichts. Die Leute klatschten, und er lächelte.

Die Geschichte von Tante Mila und den Schulkindern

So war es, als eine Schulklasse in die Tierschau vom Zirkus kam: Mila fütterte gerade die Tiger, und sechs Kinder sahen ihr zu. Sie hatten noch nie ein Zirkuszelt von innen gesehen; für Eintrittskarten hatten sie kein Geld.

»Sind Sie die Frau vom Direktor?«, fragten die Kinder.

»Nein, nein«, sagte Mila. Aber sie wollte doch gern etwas Besonderes sein. Sie sagte: »Leider habe ich kein Geld für sechs Eintrittskarten. Kommt am Sonntag eine Stunde vor der ersten Vorstellung, dann zeige ich euch wenigstens das Zelt von innen.«

Am Sonntag kamen im Ganzen einhundertsiebenundvierzig Kinder. Alle sagten: »Sie haben uns eingeladen!«

»Unverhofft kommt oft«, dachte Mila. Sie machte »Pst, pst!«, aber einhundertsiebenundvierzig Kinder sind nie gleichzeitig leise. Ungefähr fünfzig rasten um das Zelt und schrien: »Achtung, Achtung! Vorstellung beginnt sofort!« Andere drängelten sich durch die Leute an der Kasse. »Wir dürfen umsonst rein!«, sagten sie. Wieder andere wollten unter der Zeltplane durchkriechen. Nur elf ganz Brave blieben bei Mila, und ein paar Vernünftige riefen die anderen wieder zusammen. Sie sagten ihnen, dass Mila kein Geld für so viele Eintrittskarten hätte. Es kamen aber nur einhundertachtunddreißig. Die gingen nach Hause und schimpften. Mila lief ins Zelt und suchte die neun, die noch fehlten. Gerade krochen sie durch das Laufgitter in den Tigerkäfig. Dabei machten sie »Ha-muh!« und »U-ha!«, und sie lachten wie verrückt. Im Käfig stand der Tigermann. Er ließ jedes Kind durch den Reifen springen. Die Zuschauer lachten und klatschten.

Die Geschichte von Tante Mila und dem roten Hut

So war es, als Tante Mila wieder zurückkam: Sieben Monate später stand sie bei ihrem Bruder Hubert vor der Tür mit einem Taxi voller Koffer und einem roten Cowboyhut. Als sie mit dem Tigermann wegfuhr, hatte sie ihren Wohnungsschlüssel zu Hubert und Käthe gebracht.

Natürlich fragten Käthe und Hubert sofort nach dem Tigermann. War Mila mit ihm verheiratet? Warum hatte sie nie eine Postkarte geschrieben? Und hatte solch ein Zirkusmensch überhaupt eine vernünftige Wohnung?

Mila erzählte etwas von einem prächtigen Haus mit einem Park ringsum und steinernen Löwen am Tor. Aber man musste ja immer unterwegs sein, da hatte man keine Zeit, dort zu wohnen, und man hatte wirklich keine Zeit, Postkarten zu schreiben, und zum Heiraten hatte man erst recht keine Zeit.

Käthe fragte: »Und wo ist er jetzt, der Mann?«

Da sagte Mila: »Ein Tigerweibchen hat ihn gefressen. Unverhofft kommt oft.«

Dann nahm sie schnell den Schlüssel und fuhr mit dem Taxi weiter zur Blaufärberstraße.

Dem Taxichauffeur erzählte sie die Wahrheit. Das mit dem Tigerweibchen stimmte nicht. Der Tigermann wollte eine von den schönen Reiterinnen heiraten, die gefiel ihm besser als Mila, und zum Abschied hatte er ihr den roten Hut geschenkt. Aber das alles ging Hubert und Käthe nichts an.

gefressen

Die Geschichte von Tante Mila und der Fleischwurst

So war es, als Käthe ihrer Schwägerin eine Freude machen wollte: Mila tat ihr leid wegen der Sache mit dem Tigermann, denn Käthe hatte ein gutes Herz. Sie zeigte das nur nicht, lieber ärgerte sie die Leute. Nun lud sie Mila am Sonntag zum Picknick ein. Hubert holte Mila in der Blaufärberstraße ab, Käthe wollte später zusteigen. Kartoffelsalat, Fleischwurst und Pudding waren schon im Auto.

Als Hubert vor Milas Haustür ausstieg, kam der Dackel Waldmann um die Ecke, kläffend, kreischend, und mit bös glitzernden Augen. Hubert ließ die Autotür offen und rannte ins Haus. Er hatte immer schon Angst vor Hunden, und er schämte sich deshalb sogar vor Käthe.

Später, beim Picknick am Waldrand, war die Fleischwurst nicht mehr im Korb. Käthe suchte überall: im Auto, hinter dem Auto, unter dem Auto. Immer wieder rief sie: »Ich kann schwören, dass die Wurst im Korb war!« Hubert flüsterte mit Mila und erzählte ihr von Waldmann und der offenen Autotür. »Was sage ich bloß?«, fragte er.

Da holte Mila tief Luft und sagte: »Ach, Käthe, sei mir bitte nicht böse. Ich hatte so großen Hunger! Unverhofft kommt oft!« Sie wurde rot, und auch Hubert wurde rot. Käthe fragte: »Was? Den ganzen Ring Fleischwurst hast du aufgegessen? Heimlich?« Mila nickte, und Käthe war nett und sagte nichts mehr. Sie lachte sogar.

Am Abend sagte Mila zur Dackeldame: »Wenn Sie den Waldmann noch einmal frei herumlaufen lassen, male ich doch noch ein grünes Bild von ihm und stelle es ins Fenster!«

Die Geschichte von Tante Mila und den Schildkröten

So war es, als Tante Mila bei ihrer Kusine Tili eingeladen war: Sie hatte Tili seit zehn Jahren nicht gesehen.

Tili hatte zwei Kinder, Gabi und Jörg, denen wollte Mila etwas mitbringen. Sie kaufte ein Kindertelefon und ein Würfelspiel. Aber dann dachte sie: »Vielleicht mögen sie lieber etwas Lebendiges?« Und sie kaufte noch zwei Schildkröten.

Aber Mila hatte auch Tilis Kinder seit zehn Jahren nicht mehr gesehen, das hatte sie einfach vergessen, und jetzt waren Gabi und Jörg erwachsene junge Leute. Unmöglich konnte Mila ihnen das Spielzeug und die Schildkröten geben. Sie schob die Pakete unter ihren Stuhl.

Da fragte Jörg: »Hast du Tiere in der Schachtel mit den Löchern?«, und Mila wurde rot. Sie sagte: »Nein, Eier!« Danach schmeckte ihr der Kuchen nicht mehr. Immer wenn sie geschwindelt hatte, ging etwas schief, das wusste sie.

Die Schildkröten wurden unruhig. Sie scharrten mit den Beinen an der Schachtelwand. Mila bückte sich schnell und kratzte sich am Bein. Sie wollte lauter kratzen als die Schildkröten. »Was hast du?«, fragte Gabi.

»Vielleicht hab ich einen Floh?«, sagte Mila. »Unverhofft kommt oft!« Sie gab der Schachtel einen Tritt, und die Schildkröten erschraken und saßen wieder still. Mila blieb nicht mehr lange, und nachher erzählte Tili allen Verwandten: »Sie hat Flöhe! Wahrscheinlich von den Zirkusaffen. So was gibt es doch nicht in unserer Familie!«

Die Schildkröten gab Mila Herrn Samsohl, weil er immer so allein war.

Die Geschichte von Tante Mila und dem Patentbesenverkäufer

So war es, als der Mann mit dem Patentbesen zu Mila kam: Er war ein besonders freundlicher Mann mit einer leisen Stimme und sanften Augen und einem dünnen blonden Bart. Den Patentbesen hatte er selbst erfunden. Man konnte mit der einen Seite kehren, an der anderen Seite war ein Schrubber, und in der Mitte hing ein Wassersack, den konnte man abknöpfen. An der Schrubberseite war der Stiel ein Rohr, und wenn man auf den Wassersack drückte, floss das Putzwasser durch das Rohr und den Schrubber auf den Fußboden.

Niemand in der Blaufärberstraße wollte diesen Patentbesen haben, eigentlich auch Mila nicht, aber der Mann sah so traurig aus, und er wollte so gern seine Erfindung vorführen, darum ließ Mila sich alles von ihm zeigen: das Kehren, das Schrubben und die Sache mit dem Wassersack. Ihre Küche sah aus wie ein Putzwasserteich. Mila rief: »Aber dann muss man ja alles wieder aufwischen!«

»Ja«, sagte der Mann. »Das sagen sie alle.« Und er sah noch trauriger aus als vorher, wie er da mitten in der Nässe stand, und seine Hosenbeine trieften und sein Schnurrbart zitterte.

Mila schämte sich, weil sie gesagt hatte, was alle sagen. Sie fragte: »Wie viele haben Sie noch?«

»Zehn«, sagte der Mann. »Ich habe noch keinen einzigen verkauft.« Er wurde rot, so peinlich war ihm das.

»Kopf hoch!«, rief Mila. »Unverhofft kommt oft! Ich nehme alle!« Sie gab dafür wieder ihr letztes Geld aus.

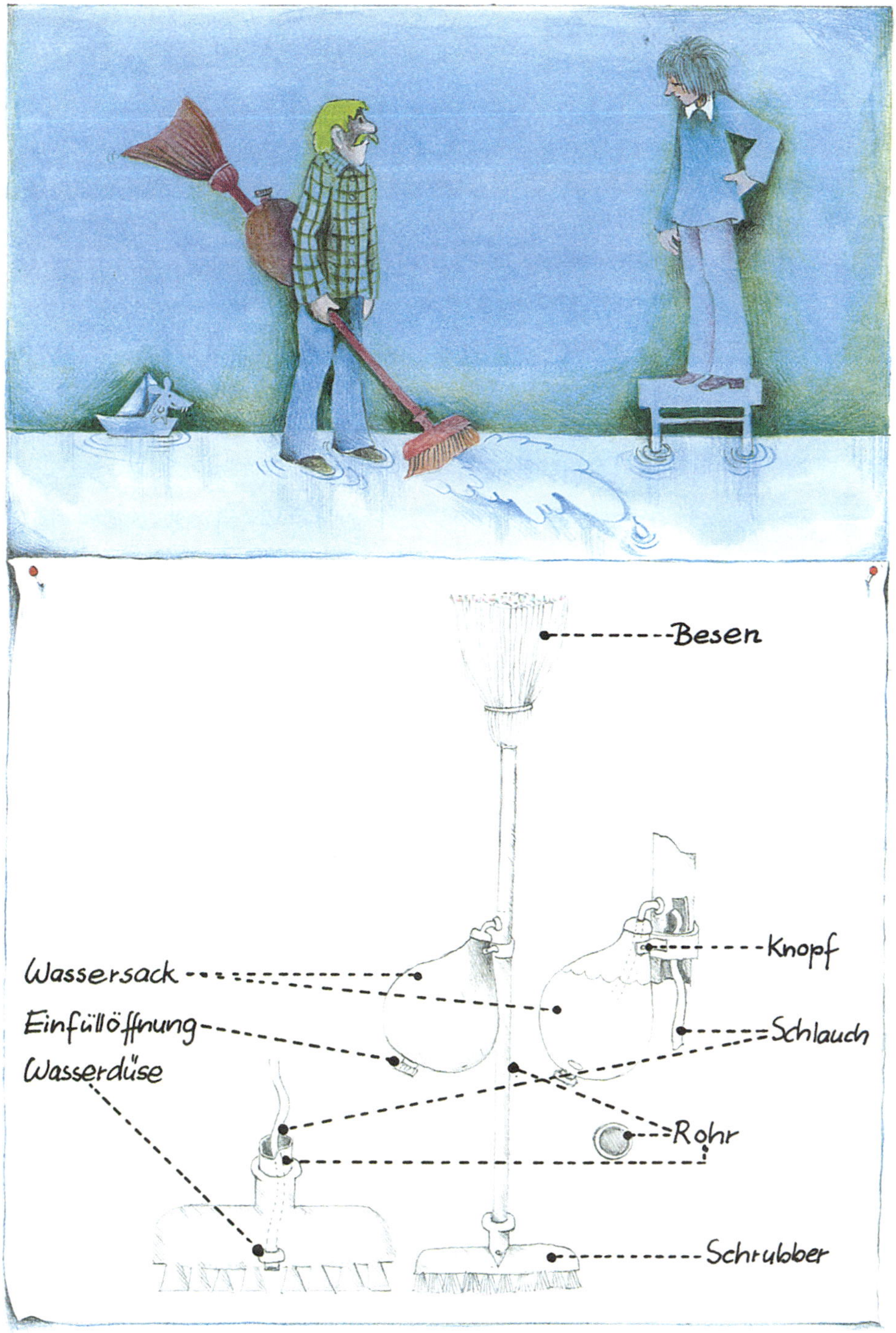
Besen
Knopf
Wassersack
Einfüllöffnung
Schlauch
Wasserdüse
Rohr
Schrubber

Die Geschichte von Tante Milas Hausreinigungsfirma

So war es, als die zehn Patentbesen in Tante Milas Küche standen: Immer fielen sie um, und Mila stolperte über die Stiele.

»Verschenken Sie die Dinger!«, sagte Herr Samsohl. Er kam jetzt oft zu Mila, wenn er keine Lust hatte, selbst zu kochen. An den Pfeffer hatte er sich gewöhnt. »Wollen Sie einen?«, fragte Mila. Natürlich wollte er keinen.

Am Tag darauf hatte Mila eine Idee: Sie wollte eine Hausreinigungsfirma gründen, damit die Besen endlich verbraucht würden. Sie erzählte das allen Leuten, so begeistert war sie. »Malen kann ich auch nebenbei«, sagte sie. »Ich werde junge Mädchen anstellen, die bekommen hellblaue Kleider mit roten Schürzen. Wie finden Sie das?«

»Aber die Besen taugen doch nichts«, sagte Herr Samsohl.

»Du verstehst nichts vom Geschäft«, sagte Hubert.

»Und vom Haushalt verstehst du auch nicht viel«, sagte Käthe.

»Man lernt nie aus«, sagte Mila. »Unverhofft kommt oft!«

Sie setzte eine Anzeige in die Zeitung: »Junge Mädchen gesucht für Hausreinigungsbetrieb mit Patentbesen.«

Der gutmütige Herr Samsohl wollte ihr erster Kunde sein, und die Dackeldame sagte: »Bei mir können Sie gern dreimal die Woche putzen«, und Frau Tickel rief: »Ach, wenn ich ein bisschen Hilfe bekäme!«

Von guten Freunden wollte Mila kein Geld nehmen, und weil sich kein junges Mädchen meldete, putzte sie nun jeden Tag bei den Hausnachbarn. Dabei verdiente sie aber nichts, und sie hatte kaum noch Zeit fürs Malen.

Die vorletzte Geschichte von Tante Mila und den Patentbesen

So war es, als Tante Mila genug hatte von der Putzerei und der Gutmütigkeit: Frühmorgens stellte sie ein Schild ins Fenster, darauf stand: »Milas Hausreinigungsfirma ab sofort wegen Geschäftsaufgabe geschlossen!«

Dann lud sie alle zehn Patentbesen auf einen Schubkarren und brachte sie zur Rheinbrücke und warf sie Stück für Stück in den Fluss. »Auf nach Holland!«, rief sie dabei, oder: »Viel Spaß an der Nordsee!« oder: »Schöne Grüße an den Ozean!« Zum letzten, zum zehnten Besen sagte sie: »So, euch bin ich los!« Sie ging ans Geländer, und da sah sie alle ihre zehn Patentbesen noch auf dem Wasser treiben. Nicht einer war weggetaucht, die leeren Wassersäcke hielten sie oben wie Schwimmwesten und so kreiselten sie langsam auf den Wellen.

Plötzlich kam der armen Mila ein schrecklicher Gedanke: Solch ein Ding könnte in eine Schiffsschraube geraten! »Unverhofft kommt oft!«, flüsterte sie, und sie musste sich schon vorstellen, was dann alles geschehen könnte: das Knirschen und Krachen und einen Schiffsuntergang, und wie sie selbst dann als Angeklagte vor Gericht stehen würde. Sie rief: »Weg mit euch! Absacken! Untergehen! Los, ihr sollt versaufen!«

Gerade fuhr ein Schleppkahn unter der Brücke durch. Da dachte der Schiffsmann, dass Mila sich wohl so aufregte, weil ihre Besen ins Wasser gefallen waren, und er war ein freundlicher Mann, er fischte alle zehn Patentbesen wieder auf und brachte sie zur Anlegestelle.

Die letzte Geschichte von Tante Mila und den Patentbesen

So war es, als der Schiffsmann die aufgefischten Besen zurückbrachte: Mila wollte ihm einen schenken, aber da war er beleidigt. Er hatte ihr doch gern geholfen! Mila winkte ihm nach. Sie versteckte die Besen unter der Brücke.

Zu Hause wartete Herr Samsohl schon auf der Treppe. Wieso Mila heute so spät zum Putzen käme? Sie zeigte ihm das Schild am Fenster und erzählte von den Besen. Sie sagte: »Ohne Patentbesen keine Reinigungsfirma!«

Da fragte Herr Samsohl, ob sie auch an Hochwasser gedacht hätte?

»Natürlich!«, sagte Mila, aber das sagte sie nur, weil sie sich über Herrn Samsohl ärgerte, und nachts musste sie sich vorstellen, wie das Hochwasser die Besen unter der Brücke wegschwemmte, und was dann alles passieren könnte.

Morgens holte sie die Besen aus dem Versteck. Sie suchte eine Schutthalde, aber sie fand keine.

Mila lehnte die Besen an eine Hauswand und rannte mit dem leeren Karren los. Da rief ein Mann: »Sie da, Sie können Ihre Besen nicht einfach stehen lassen! Die werden geklaut!«

Mila kam zurück. »Wartet nur!«, sagte sie zu den Besen. »Ich werde euch doch noch los! Unverhofft kommt oft!«

Sie schleppte die Besen in ein Kaufhaus. In der Haushaltsabteilung stellte sie alle zehn zwischen andere Besen und Schrubber. Dann fragte sie eine Verkäuferin: »Was sind das für Dinger?«, und sie zeigte auf ihre eigenen Patentbesen. »Das ist etwas ganz Neues!«, sagte die Verkäuferin.

»Ja, ja!«, sagte Mila und lächelte freundlich und ging fort.

Die Geschichte von Tante Mila und den Fliegen

So war es, als Tante Mila im Sommer nicht wusste, wie sie die vielen Fliegen loswerden sollte: Sie fragte Herrn Samsohl.

Er sagte: »Ich fange die Fliegen mit der Hand, das macht Spaß.«

»Das ist ekelhaft!«, sagte Mila.

Herr Samsohl lachte.

Frau Tickel schlug die Fliegen mit der Klatsche tot, und die Kinder halfen ihr dabei. »Das tun sie gern«, sagte Herr Tickel.

»Ich finde das schlimm!«, sagte Mila.

Frau Neumann versprühte ein Fliegengift. Sie sagte: »Nachher kann man sie zusammenkehren.«

Drei Tage lang konnte Mila Frau Neumann nicht mehr leiden.

Die Dackeldame hängte Leimstreifen in jedes Zimmer.

»Wenn Ihr Waldmann auf solch einem Leimstreifen zappeln müsste, wie fänden Sie das?«, fragte Mila. »Fliegen sind auch Tiere!« Die Dackeldame war beleidigt.

Mila erfand eine Fliegenfalle: Sie bestrich einen Teller mit Honig und wenn wenigstens drei Fliegen darauf saßen, stülpte sie blitzschnell die Käseglocke über den Teller. Sie trug ihn zum Fenster und jagte die Fliegen hinaus. Aber manche klebten mit den Flügeln im Honig und quälten sich.

Mila nahm den Staubsauger. »Tut mir leid«, sagte sie zu den Fliegen. »Aber unverhofft kommt oft!« So rannte sie mit dem Staubsauger hinter den Fliegen her; den Staubbeutel schüttelte sie dann im Hof aus. Die Fliegen putzten sich und flogen durch das nächste offene Fenster wieder ins Haus. Herr Samsohl beschwerte sich.

»Was sollen sie sonst tun?«, fragte Mila. »Es sind doch Stubenfliegen!«

Die Geschichte von Tante Mila und der grauen Katze

So war es, als Tante Mila Krieg mit der grauen Katze hatte: Sie mochte Katzen nicht besonders gut leiden, und überhaupt liebte Mila die Menschen mehr als die Tiere.

Damals hatten Neumanns eine Katze, die war zartgrau und vornehm. Sonja sagte: »Die hat viel Geld gekostet!«

Damals gab es auch in dem Baum vor Milas Küchenfenster ein Nest mit fünf mageren, nackten Spätzchen. Einmal in der Nacht schrien die Spatzeneltern. Mila lief ans Fenster, da sprang gerade die graue Katze aus dem Baum. Morgens lagen die fünf jungen Spatzen tot im Hof. Die Tickelskinder begruben sie.

Bald hockten wieder drei junge Spatzen im Nest, und die Katze lag unterm Baum und starrte hinauf. Mila goss ihr einen Eimer Wasser über den Pelz. Sie nieste, und alle im Haus schimpften und sagten: »Tierquälerei!« Nur die Tickelskinder gaben Mila recht.

Sie band vierzehn Weihnachtsglöckchen an die unteren Zweige vom Baum. Die Vögel sollten die Katze rechtzeitig hören. Aber nachts war es windig, und der Baum klingelte die Nachbarn wach. Mila nahm die Glöckchen wieder ab. Das alles erzählte sie dem Eismann am Parktor. Der sagte: »Heute Abend bringe ich Ihnen meinen Kater.«

Der Kater hatte ein rot-weißes Fell. Sofort vergaß die feine Katze das Vogelnest. Sie ging mit dem Kater auf der Mauer spazieren, und im Park machten sie Hochzeit. Acht Wochen später hatte die Katze fünf junge Kätzchen, die waren alle rot-weiß-grau gefleckt. Neumanns wunderten sich.

»Ja, ja«, sagte Mila. »Unverhofft kommt oft!«

Die Geschichte von Tante Mila und Großonkel Manfred

So war es, als Großonkel Manfred kam, der Bäcker-Onkel, für den Mila die vielen Standuhren gekauft hatte. Er war sehr alt, aber er backte immer noch Brot, ganz allein, denn er hatte keine Frau und keine Kinder, und Lehrlinge und Gesellen blieben nicht bei ihm. Er schimpfte zu viel.

Der Großonkel fand Milas Wohnung scheußlich, nur die Standuhr mit den Türmchen gefiel ihm. »Die habe ich deinen Eltern geschenkt«, sagte er.

»Nein«, sagte Mila. – »Ja!«, rief der Onkel. – »Das war eine andere«, sagte Mila. – »Nein!«, rief der Onkel. – »Die war viel hübscher«, sagte Mila.

»Nein, ja, nein, ja, nein, ja!«, brüllte der Onkel. Er lachte über Milas Bilder. »Das sind doch keine richtigen Fische!«, rief er. – »Nein«, sagte Mila. – »Solche habe ich noch nie gesehen!«, sagte er. – »Ich auch nicht«, sagte Mila. – Da schrie er: »Halt den Mund! Ich habe recht!«

»Natürlich«, sagte Mila. Das machte ihn noch wütender.

Beim Essen war ihm die Suppe erst zu heiß und dann zu kalt. »Spülwasser!«, sagte er. Das Gemüse war ihm zu klein geschnitten. »Hühnerfutter!«, sagte er. Die Soße war ihm zu dick. »Tapetenkleister!«, sagte er.

Da stülpte Mila ihm die Salatschüssel über den Kopf. »Und das ist Kopf-Salat!«, rief sie. Der Onkel saß starr und stumm. Die Salatblätter hingen an seinen Ohren, die Soße tropfte ihm von der Nase. »Entschuldige!«, flüsterte Mila. »Aber unverhofft kommt oft!«

Plötzlich lachte der Onkel, dass ihm der Bauch wackelte. »Milalein«, rief er. »Du bist ein wunderbarer Drache! Ich schenke dir die Bäckerei!«

»Nein!«, rief Mila. – »Doch!«, brüllte der Onkel.

Die Geschichte von Tante Mila und den Windpocken

So war es, als die Tickelskinder die Windpocken hatten: Sie waren bald wieder gesund, nur ein bisschen blass sahen sie noch aus, darum fuhr Mila mit ihnen aus der Stadt. Sie gingen spazieren, und dann besuchten sie Großonkel Manfred. Seine Bäckerei lag dort, wo schon die Felder anfingen. Er saß im Laden und wartete auf Kunden. Viele kamen nicht mehr, er schimpfte ihnen zu viel. Und da stand nun Mila mit vier Kindern. »Unverhofft kommt oft!«, rief sie. »Da sind wir! Freust du dich, Onkel Manfred?«

Er sagte: »Bei mir könnt ihr keinen Kuchen schnorren. Ich backe nur noch Brot. Das große kostet fünfzwanzig, das kleine zwei Mark.« Mila legte das Geld für ein großes Brot hin, dann packte sie ihre Tasche aus: Butter, Honig, Milchflaschen, sogar ein Messer hatte sie mitgebracht. Sie schmierte an der Theke große Honigbrote. Der Onkel sah zu und schluckte. »Die Scheibe einsfünfzig«, sagte Mila. »Eine Mark!«, sagte der Onkel.

»Einsfünfzig«, sagte Mila, »und die Milch umsonst.«

Der Onkel bezahlte einsfünfzig. Danach wurde es richtig gemütlich, bis Mila von den Windpocken erzählte.

»Sind die ansteckend?«, fragte der Onkel.

Und alle Tickelskinder riefen: »Fürchterlich ansteckend!«

Da legte der Onkel sein Brot hin. Er flüsterte: »Eine Mark zurück. Ich habe nur für fünfzig Pfennig abgebissen.« – »Aber was hast du denn?«, rief Mila.

»Windpocken!«, sagte der Onkel. »Ich muss sofort ins Bett.« Auf einmal sah er wirklich schlecht aus.

»Ich bleibe bei dir!«, rief Mila, und die Tickelskinder fuhren allein nach Hause.

101

Die erste Geschichte von Tante Milas Gasthaus

So war es, als Großonkel Manfred Tante Mila nicht wieder fortlassen wollte: Alle halbe Stunde rief er: »Jetzt fangen die Windpocken an! O, wie das juckt!« Aber da war nie das kleinste Windpöckchen, er wollte nur gern krank sein, Mila sollte bei ihm bleiben. Er wollte auch kein Brot mehr backen, er war alt und müde. Aber bald hatten sie keinen Pfennig mehr in der Ladenkasse. Mila kochte jeden Tag Suppe aus altem Brotmehl: süße, salzige und manchmal auch angebrannte.

»Ich kann das Zeug nicht mehr sehen!«, sagte der Onkel nach drei Tagen.

»Dann mach die Augen zu«, sagte Mila.

Am fünften Tag rief der Onkel: »Lieber verhungern!«

Herr Samsohl kam ganz zufällig vorbei, so sagte er jedenfalls. »Wann kommen Sie wieder, Mila?«, fragte er. »Wollen Sie denn keine Fische mehr malen? Und keiner kocht für mich!«

Mila gab ihm gepfefferte Mehlsuppe.

»Mila bleibt hier!«, sagte der Onkel. »Und Sie können wegbleiben. Wir haben hier kein Gasthaus!« Erschrocken ging Herr Samsohl weg.

»Unverhofft kommt oft!«, murmelte Mila.

»Warum ärgerst du dich nicht?«, fragte der Onkel.

Da lächelte Mila nur. Morgens stand eine Tafel im Fenster: GASTHAUS ZUR BACKSTUBE Prima Mehlsuppe, Teller nur 50 Pfennige!

»Weg damit!«, schrie der Onkel.

»Gut«, sagte Mila. »Dann essen wir die vier Säcke Mehl allein auf.«

Da war er still.

Bis zum Abend verdiente Mila beinahe zehn Mark.

Der Onkel sagte: »Das mit dem Gasthaus war eine gute Idee von mir!«

Die zweite Geschichte von Tante Milas Gasthaus

So war es, als das »Gasthaus zur Backstube« eine Woche alt war: Mila schrieb auf die Tafel: »Ab heute täglich Braten mit Klößen und Gemüse nur 5 Mark. Suppe 50 Pfennige.« Sie kaufte ein großes Stück Fleisch, das bräunte sie und schmurgelte sie mit vielen Gewürzen, und dazu kochte sie goldgelbe Kartoffelklöße und zartes Gemüse.

Am Abend saßen besonders viele Gäste an den langen Tischen in der Backstube. Manche wollten nur wieder Milas billige Suppe essen, andere hatten den Braten bestellt. Aber alle mussten lange auf ihr Essen warten.

Denn Mila stand in der Küche vor dem Braten und dachte nach. Sie ging zur Tür und betrachtete die Gäste, dann starrte sie wieder auf das Fleisch. Da gab es die knusprigen Randstücke, es gab saftige Scheiben aus der Mitte, es gab Teile, die waren mit Fettäderchen marmoriert, und es gab magere Stücke, so zart und rosig wie Schinken. Mila nahm die beiden Randstücke. Eins gab sie dem Onkel, das andere aß sie selbst in aller Ruhe. Sie sagte: »Den Rest wärmen wir uns in den nächsten Tagen auf.«

»Du bist übergeschnappt!«, rief der Onkel. »Kann sein«, sagte Mila.

Sie ging zu den Gästen und sagte: »Liebe Freunde, unverhofft kommt oft. Hier gibt es nur Suppe und Brot für alle, denn kein Mensch kann einen Braten gerecht verteilen.«

Einige schimpften und gingen fort. Sie wollten Braten haben. Die meisten lachten und aßen die billige Suppe.

»Du machst uns arm!«, sagte der Onkel zu Mila. Aber seit diesem Abend kamen immer mehr Gäste.

Die Geschichte von Tante Mila und dem dünnen Gast

So war es ein Jahr später: Die Leute nannten das Gasthaus nur noch »Bei Mila«. Dem Onkel ging es wieder gut. Er half in der Küche und wusste alles besser. Mila kochte immer nur Suppen, jeden Tag erfand sie neue. Zum Beispiel bekamen die Tickelskinder die »Ozeansturmwindmastbaumholzrauchwildschweinrüsselsuppe«. Für kleine Kinder gab es »Schokoladenhasenohrencreme«, für traurige Gäste kochte Mila »Frühlingswaldgrünbrühe mit Lachmöveneierstich«, und für müde Leute hatte sie eine »Dicke Bärenschinkenknochenmarksuppe«. Die Lauten und Frechen bekamen die Suppe »Sanftes Sahneauge«, und die Dicken aßen das »Doppelt magere Sauerampferdünnsüppchen«. Einmal sah Mila einen dünnen Mann hereinkommen. Sie wollte ihm die »Freundliche Morgenkraftbrühe mit milden Butterklößchen« geben. Da drehte der Mann sich um und Mila sah sein Gesicht. Mit Schwung streute sie eine Handvoll Pfeffer über die Suppe. »Verrücktes Weib!«, rief der Onkel. »Viel zu scharf!«

»Nicht für den da«, sagte Mila. »Der soll weinen.«

Sie sah zu, wie der Mann die Suppe schluckte. Er weinte nicht, aber er schwitzte fürchterlich. Beim letzten Löffel ging Mila zu ihm. »Hast du …?«, fragte sie. – »Nein«, sagte er, »ich habe die Reiterin nicht geheiratet. Kommst du …?« – »Nein«, sagte Mila, »ich komme nicht wieder mit dir. Aber willst du …? « – »Ja, gern!«, sagte der Mann, und sie lachten.

»Unverhofft kommt oft! Noch ein Verrückter!«, rief der Onkel.

Der Mann blieb den ganzen Winter und half im Gasthaus. Vielleicht bleibt er noch länger. Es ist der Tigermann.

Viele Köche verderben die Suppe!

Mehr über unsere Bücher, Autor*innen und Illustrator*innen auf:
www.thienemann.de.

Wölfel, Ursula:
Das große Geschichtenbuch zum Lachen und Staunen
ISBN 978 3 522 18562 2

Gesamtausstattung: Bettina Wölfel
Einbandgestaltung: Suse Kopp
Innentypografie: Swabianmedia, Eva Mokhlis, Stuttgart
Reproduktion: Schwabenrepro, Fellbach
Druck und Bindung: Livonia Print, Riga

MIX
Papier aus verantwortungsvollen Quellen
FSC® C002795
FSC www.fsc.org

© dieses Sammelbands 2021 Thienemann in der
Thienemann-Esslinger Verlag GmbH, Stuttgart
© der Originalausgaben 1986, 1967, 1968, 1973, 1977 Thienemann in der
Thienemann-Esslinger Verlag GmbH, Stuttgart
Printed in Latvia. Alle Rechte vorbehalten.

Bettina Wölfel wurde 1944 in einem kleinen Dorf im Odenwald geboren. Sie studierte angewandte und freie Grafik in Darmstadt und Berlin. 1968 begann die intensive Zusammenarbeit mit ihrer Mutter Ursula Wölfel mit den Illustrationen zu »Siebenundzwanzig Suppengeschichten«, sie endete 2014 mit einem Jubiläums-Pixibuch, dessen Erscheinen Ursula Wölfel nicht mehr erlebte. Bettina Wölfels Illustrationen wurden u.a. mit dem Prädikat »50 schönste Bücher« und mit der »Ehrenliste zum Hans-Christan-Andersen-Preis« ausgezeichnet. Sie lebt im Rheingau und im Odenwald.

Ursula Wölfel, geboren am 16. September 1922 in Hamborn bei Duisburg, wuchs im Ruhrgebiet auf. Sie studierte in Heidelberg Germanistik, Geschichte, Philosophie und Psychologie. 1943 heiratete sie. Ein Jahr später kam ihre Tochter Bettina zur Welt, die sie allein aufzog, da ihr Mann 1945 im Zweiten Weltkrieg fiel. Nach dem Krieg war Ursula Wölfel Schulhelferin und absolvierte eine Lehrerausbildung, arbeitete als Assistentin am Pädagogischen Institut Jugendheim an der Bergstraße, nahm nebenher das Universitätsstudium wieder auf und war kurze Zeit Sonderschullehrerin in Darmstadt. 1959 erschien ihr erstes Kinderbuch. Seit 1961 lebte Ursula Wölfel als freie Schriftstellerin im Odenwald und zuletzt im Wohnstift Augustinum in Heidelberg. Seit 1972 war sie Mitglied im PEN. Für die große Anerkennung, die Ursula Wölfels Werk zuteil wird, sprechen die zahlreichen Preise und Auszeichnungen, die sie für ihre Bücher erhalten hat. Achtmal stand sie auf der Auswahlliste des Deutschen Jugendliteraturpreises, dreimal auf der Ehrenliste des Hans-Christian-Andersen-Preises. Für »Feuerschuh und Windsandale« erhielt sie 1962 den Deutschen Jugendliteraturpreis in der Sparte Kinderbuch, 1972 für »Die grauen und die grünen Felder« den Österreichischen Förderpreis für Jugendliteratur, 1992 für »Ein Haus für alle« den Jugendbuchpreis »Buxtehuder Bulle«. 1991 wurde ihr Gesamtwerk mit dem Sonderpreis des Deutschen Jugendliteraturpreises geehrt. Ursula Wölfel starb am 23. Juli 2014.

Zwei Geschwister, ein Elefant und ein spannendes Abenteuer!

Oliver Scherz, Barbara Scholz

Wir sind nachher wieder da, wir müssen kurz nach Afrika

128 Seiten · Gebunden
ISBN 978-3-522-18575-2

Was tut man, wenn spätabends ein Elefant ans Fenster klopft? Wenn dieser Elefant aus dem Zoo ausgebrochen ist, um seine Großfamilie in Afrika zu besuchen? Und wenn er gar nicht weiß, wo Afrika überhaupt liegt? Man packt Äpfel, Kekse und einen Globus in den Rucksack, hinterlässt einen Zettel für Mama und Papa und und begleitet ihn. Genau das tun Joscha und Marie. Weit wird Afrika nicht sein, denken sie sich und erleben eine Reise, die alles übertrifft, was sie sich vorgestellt haben.

THIENEMANN
Wir schreiben Geschichten!

www.thienemann-esslinger.de